BASTEI
LÜBBE

Ulrike Müller-Kaspar

KATZEN, KRÖTEN, SCHORNSTEIN FEGER

Das kleine Handbuch
des Aberglaubens

BASTEI LÜBBE TASCHENBUCH
Band 60525

1. Auflage: Juni 2003

Hinweis:
Keine der in diesem Buch beschriebenen Therapien will oder
kann einen Arztbesuch ersetzen. Keine der im Folgenden als
Heilverfahren bezeichneten Praktiken erhebt Anspruch auf
die Betrachtung als Heilverfahren im medizinischen Sinn.
Wenn Sie sie ausprobieren wollen, tun Sie das vollkommen auf
eigene Gefahr. Weder Verlag noch Autorin übernehmen hierfür irgendwelche Verantwortung. Dies ist ein Buch über Aberglaube, kein medizinischer Ratgeber.

Vollständige Taschenbuchausgabe

Bastei Lübbe Taschenbücher ist ein Imprint
der Verlagsgruppe Lübbe

© 2001 by Heinrich Hugendubel Verlag,
Kreuzlingen/München
Lizenzausgabe: Verlagsgruppe Lübbe GmbH & Co. KG,
Bergisch Gladbach
Umschlaggestaltung: Tanja Østlyngen unter Verwendung
einer Vorlage von der Zembsch'Werkstatt, München
Satz: Die Textwerkstatt, Wien
Druck und Verarbeitung: Ebner & Spiegel, Ulm
Printed in Germany
ISBN 3-404-60525-X

Sie finden uns im Internet unter
http://www.luebbe.de

Der Preis dieses Bandes versteht sich einschließlich
der gesetzlichen Mehrwertsteuer

INHALT

ÜBER DIESES BUCH

Ein Buch über Aberglauben in unserer modernen Zeit? Ist das überhaupt nötig?

Gerade in unserer rationalen, technisierten, durch und durch erklärten Zeit ist Aberglaube ein Thema. Und das umso mehr, als er langsam auszusterben scheint. Dass eine schwarze Katze Glück bringt, wenn sie von rechts nach links den Weg kreuzt, weiß wohl jeder – nicht zuletzt wegen des Reimes

Von rechts nach links
Glück bringt's,
von links nach rechts
bringt's Schlechts.

Dass die Zukunft Positives bringt, wenn man einem Schornsteinfeger begegnet, weiß auch jeder. Was es mit anderen Erscheinungen wie beispielsweise mit Kröten auf sich hat, ist schon weniger bekannt.

So wird es Ihnen mit dem meisten Aberglauben gehen, der in diesem Buch versammelt ist. Manches wird Ihnen vertraut vorkommen, anderes haben Sie wahrscheinlich noch nie gehört. Das liegt zum einen daran, dass Aberglauben regional sehr unterschiedliche Traditionen hat und es zum Beispiel bestimmte Vorstellungen nur im Gebirge, andere nur in Küstennähe gibt. Zum anderen liegt es daran, dass immer weniger Menschen wirklich mit dem Aberglauben leben, so dass abergläubisches Wissen allmählich ausstirbt. Viele Menschen können nur noch sagen: „Ja, meine Großmutter, die hat sich damit ausgekannt."

In diesem Buch liegt der Schwerpunkt auf jenem Aberglauben, der Alltagssituationen betrifft. Es ist kaum vorstellbar, was sich alles als positives oder negatives Omen deuten lässt, was man vermeiden muss, will man das Eheglück oder die Liebe nicht gefährden, und worauf man achten sollte, damit man gesund bleibt und nicht irgendwelchen Dämonen zum Opfer fällt.

Nach der Einleitung, in der zunächst definiert wird, was hier unter Aberglaube gezählt wird, geht es im Kapitel „Vom Morgen bis zum Abend" um einen möglichen Tagesablauf einer einzelnen Person – vom Albtraum im Morgengrauen bis zum Schlafengehen am Abend. Das nächste Kapitel „In den eigenen vier Wänden" enthält Aberglauben, der die Wohnumgebung, aber auch wesentliche Arbeiten im Haus betrifft. Das folgende Kapitel behandelt „Die gefährliche Außenwelt" und alles, worauf man achten muss, wenn man sich außerhalb des eigenen Heims bewegt. Dazu gehört auch die Kirche, nicht nur als Segen stiftende Einrichtung, sondern auch als Institution, die zu Orakel- oder magischen Zwecken missbraucht wird. Nach diesen Orten und Lebensbereichen geht es dann um altersspezifische Situationen und um den Aberglauben, der sich an bestimmte Zielgruppen richtet – vom Kleinkind über die Braut bis zu Sterbenden. Abergläubische Hilfe in allen Krankheitslagen enthält das Kapitel „Gesundheit!". In „Der Blick in die Zukunft" finden Sie Orakel, die in bestimmten Situationen Auskunft geben können – vor allem bei Fragen wie: „Wer wird der Zükünftige?" und „Wie wird die Ehe?" Der anschließende Abstecher in die Welt der Magie enthält einige Liebeszauber, nicht ohne die nachdrücklichen Warnungen bezüglich ihrer möglichen Gefährlichkeit.

Den Abschluss bildet der „Jahresplaner" für ein Leben mit dem Aberglauben. Manche Vorstellungen, die bereits vorn im Text vorkamen, werden hier wieder aufgegriffen, andere tauchen nur hier auf. Dieser Teil soll verhindern, dass Sie nach der Lektüre dieses Buches eines schönen Andreastages aufwachen, sich zwar noch erinnern, dass gerade mit diesem Tag etwas ganz Besonderes war, aber nicht mehr wissen, was man gerade heute tun oder vermeiden sollte.

Aberglaube gestern und heute

Auf die Frage, was sie von Aberglaube und Magie halte, gab eine junge Italienerin die schon sprichwörtlich gewordene Antwort: „Non ci credo, ma esiste" – „Ich glaub' nicht dran, aber das gibt es." So ähnlich geht es wohl den meisten modernen Menschen. Wen beschleicht nicht ein mulmiges Gefühl, wenn er eine schwarze Katze von links nach rechts seinen Weg kreuzen sieht? Wer klopft nicht sicherheitshalber auf Holz – notfalls auf den eigenen Kopf –, wenn ein Satz von der Art „Es wird schon gut gehen" ausgesprochen wird? Wer freut sich nicht, wenn er einem Schornsteinfeger begegnet? Doch sind wir deswegen abergläubisch? Wir haben zwar alle den einen oder anderen Talisman um den Hals hängen, unterschreiben wichtige Dokumente mit einem ganz bestimmten Stift und freuen uns über ein Hufeisen oder ein vierblättriges Kleeblatt – aber sind wir deswegen gleich abergläubisch?

Natürlich sind wir das, wenn wir ehrlich sind.

Der Aberglaube ist der Glaube an das Wirken magischer Kräfte in unserer Welt – der Glaube, dass es keinen Zufall, sondern hinter allen Dingen, die geschehen, einen Sinn gibt; die Überzeugung, dass unser Leben von unerklärlichen Dingen beeinflusst wird, denen wir zuweilen sehr gern einen Namen umhängen. Sie heißen dann etwa Dämonen oder Geister, Alb oder Hexe, Zauberer oder wilde Jagd – das ist jenes Heer von Geistern und Wesen, das in den finstersten Nächten des Jahres durch die Luft braust und an den Häusern rüttelt. Aberglaube ist auch der Glaube, dass wir uns vor deren Willkür schützen können, indem wir bestimmte Vorsichtsmaßnahmen ergreifen. Hierin unterscheidet sich die Welt des Aberglaubens von der Welt des Alten Testaments: Der Willkür des Gottes Abrahams sind wir schutzlos ausgeliefert.

Im Grunde geht es dabei um Angst. Um Angst vor dem Unerklärlichen, vor der Zukunft, vor Dingen, die wir nicht beeinflussen können, aber auch um Angst vor Krankheiten, Kriegen, Hungersnöten und vor dem Tod. Die Welt des Aberglaubens bietet gegen diese Ängste etwas ungemein Tröstliches: Sie enthält Antworten auf die Fragen, was wir denn tun müssen, wenn ... Wenn wir stolpern, müssen wir auf den Boden spucken, um das Unheil zu bannen, das wir gerade losgetreten haben. Wenn wir einen weißen Kiesel finden, sollten wir darauf spucken und ihn hinter uns werfen, denn es könnte sich um einen Blindstein handeln, und dann laufen wir Gefahr zu erblinden, wenn wir das unterlassen. Wenn wir Angst haben, etwas könnte schief gehen, müssen wir auf Holz klopfen. Das lehrt uns der Aberglaube.

Das Erstaunliche dabei ist: Verblüffend oft bewahrheitet sich das, was der Aberglaube lehrt. Am Aberglauben ist etwas dran – wenn wir nur vorurteilsfrei genug hinschauen.

Was ist Aberglaube eigentlich genau?

Aberglaube, Glaube und Wissen

Aberglaube umfasst all die Antworten, die zu verschiedenen Zeiten auf Ängste und offene Fragen angeboten wurden. Er stellt ein Sammelsurium von Wissen dar, mit dem versucht wurde, die Welt zu erklären. Dieses Wissen ist regional unterschiedlich und wandelt sich im Laufe der Zeit. So häuften sich in Kriegszeiten die Mittel, die zunächst hieb- und stichfest, später auch schussfest machen.

Betroffen sind alle Lebensbereiche – vom Albtraum bis zur Schwangerschaft, vom Blitzschlag bis zur Roggenernte. In der Zeit vor der Aufklärung und ihrem Versuch, unsere Welt zu rationalisieren, lieferte das, was wir heute Aberglaube nennen, die Anleitungen, nach denen man mit der rätselhaften Welt umgehen sollte.

Wenn etwas als Aberglaube bezeichnet wird, so ist damit stets eine Kritik verbunden. Diese ist völlig unabhängig vom Inhalt des Aberglaubens und beruht eher darauf, dass der Sprecher der Ansicht ist, er wisse es besser. Dahinter steht die Überzeugung, er selbst habe den wahren Glauben gepachtet, die Überzeugungen der anderen seien unsinnig und damit Aberglaube.

Das Christentum etwa galt den Römern dreihundert Jahre lang als purer Aberglaube. Für Martin Luther war die Ablasslehre, die die katholische Kirche (der er selbst als Mönch angehörte) ab dem 11. Jahrhundert verkündete und die im 16. Jahrhundert extreme Züge annahm (der Bau des Petersdomes wurde mit Ablassgeldern finanziert), ein Miss- oder Afterglaube, wie die damals übliche Bezeichnung hieß.

Das Leben im Rhythmus des Mondes, das seit Johanna Paunggers und Thomas Poppes Buch „Vom richtigen Zeitpunkt" wieder vermehrt unsere Aufmerksamkeit findet, galt lange Zeit als purer Aberglaube und ist es ungeachtet der großen Zahl seiner Anhänger für Naturwissenschaftler bis heute. Da es zu diesem Thema eine ganze Fülle an übersichtlicher und verständlicher Literatur gibt, kommen im vorliegenden Buch keine der üblichen Mondregeln vor. Sie werden jedoch beim Lesen feststellen, dass die Mondregeln nach den gleichen Prinzipien „funktionieren" wie auch viele Dinge im Aberglauben.

Aus der Sicht der Schulmedizin fällt auch die Edelsteinmedizin unter Aberglaube. Auch hierüber gibt es eine große Anzahl an Büchern, in denen der Interessierte nachschlagen kann. Edelsteine werden hier als wirksame Kraftspender respektiert und nicht unter Aberglaube gereiht – was nicht heißt, dass sie nicht im einen oder anderen Aberglauben benutzt werden können, wenn nicht ihre Heilkraft, sondern eine bislang unerklärliche Wirkung gefragt ist.

Mit dem Leben nach dem Mond und der Edelsteinmedizin sind nur zwei Bereiche angesprochen, die lange Zeit als Aberglaube galten. Die Vorstellung von dem, was Aberglaube ist, wandelt sich – auch heute noch, und heute mehr denn je. Insgesamt geht die Fülle der abergläubischen Vorstellungen zurück. Es hat sich nämlich immer wieder gezeigt, dass die Einstellung „Wir glauben, wir wissen es besser" nicht ausreicht, um etwas als Aberglaube abzutun. Allzu oft haben wir einfach nur nicht nachvollziehen können, woher eine abergläubische Vorstellung kommt. Sobald aber nachvollziehbar wird, worauf eine Vorstellung beruht und dass diese Vorstellung im Kern selbstverständlich zutrifft, gilt diese Vorstellung bereits nicht mehr als Aberglaube.

Viel altes Volkswissen, das unter Aberglaube gereiht wurde, ist daher kein Aberglaube, sondern ein Teil des wertvollen Erfahrungsschatzes unserer Vorfahren.

Der Bereich der Medizin liefert hierfür zwei Beispiele:

Wenn sich jemand gestoßen hat, soll man dem Aberglauben zufolge Spucke auf die Prellung geben, um den Schmerz zu bannen, ihn dann besprechen – am besten mit Singen eines passenden Liedes oder zumindest unter Aufsagen eines gereimten Spruchs – und schließlich wegblasen. Bannen mit Spucke, Besprechen und Wegblasen sind magische Handlungen, und dennoch ist die Therapie beste angewandte Medizin: Durch das Einreiben mit Spucke lenkt man die Neuronen der *substantia gelatinosa* im Hinterhorn des Rückenmarks ab, die immer nur eine bestimmte Anzahl an Reizen gleichzeitig durchlassen, und lindert so die Schmerzwahrnehmung im Gehirn. Mit dem Wegblasen erzeugt man Verdunstungskälte und narkotisiert so zusätzlich die Schmerzrezeptoren in der betroffenen Hautpartie. Und mit dem Lied oder Gedicht lenkt man das Unterbewusstsein wirksam vom Schmerz ab. Die ganze Behandlung ist frei von Nebenwirkungen und ungeheuer erfolgreich. Ist das noch Aberglaube?

Das zweite Beispiel: Bei Zahnschmerzen soll man auf einen Nagel beißen, heißt es im Aberglauben. Hier ist zunächst eine etymologische Begriffsklärung von Nöten: Nägel sind für uns heute nur noch Metallnägel aus der Werkzeugkiste. Früher waren Nägel auch etwas ganz anderes. Denken Sie an das Schlaflied „Guten Abend, gut' Nacht, mit Rosen bedacht, mit Näglein besteckt, schlüpfst du unter die Deck'". Das arme Kind im Lied liegt nicht in einem wahren Stachelbett voller Dornen und Nägel, sondern in einem Bett voller Rosen- und Nelkenduft. Näglein sind auch Nelken, genauer: Gewürznelken. Und auf eine Nelke zu beißen, kann tatsächlich den Zahnschmerz lindern. Hilfreich ist es auch, Nelken an den schmerzenden Zahn zu legen und ihr ätherisches Öl langsam über das Zahnfleisch wirken zu lassen. Das gleiche Öl verwendet auch ein Zahnarzt, ehe er ein besonders tiefes Loch füllt, das dicht am den Zahn versorgenden Nerv liegt. Ist das Aberglaube?

Auch aus dem Blickwinkel der Psychologie lassen sich viele abergläubische Vorstellungen bestätigen. Nehmen Sie nur die klassische Abgrenzungsproblematik in Beziehungen. Im Aberglauben heißt es schlicht: Wenn Liebende ihre Hände am gleichen Handtuch abtrocknen, gibt es Streit.

Oft ist es nur ein Missverständnis, das uns davor bewahrt, eine „abergläubische" Vorstellung als alte Weisheit zu sehen. Häufig ist es auch die andere Bilderwelt, der die Sprache des Aberglaubens entstammt, die uns den Zugang dazu erschwert. Erstaunlich oft aber stellt sich bei näherem Hinsehen heraus, dass eine abergläubische Vorstellung gar nicht so abwegig ist.

Welterklärung mit System

Eines hat der Aberglaube allemal: Er hat System. Nach einer Weile fängt man an, sich in diesem in sich erstaunlich logischen System der Welterklärung zurechtzufinden. Immer wieder treten die gleichen Motive auf, immer wieder wird nach gewissen Regeln gehandelt.

Ein häufiges Motiv ist das Kreuzen von Gegenständen oder Körpergliedern. Es dient der Abwehr von Übel: Wenn Axt und Besen vor dem Zimmer einer Wöchnerin gekreuzt werden, ist sie geschützt. Wer strickt, dem kann das Böse nichts anhaben – dahinter steckt kein Loblied auf den Fleiß der Hausfrau, sondern der Schutz durch die gekreuzten Nadeln. Beim Meineid kreuzt man die Finger der linken Hand, um vor der Strafe der Götter wegen des Meineides geschützt zu sein. Bei wichtigen Rechtsakten darf niemand mit verkreuzten Beinen sitzen.

Ein anderes, häufiges Motiv ist das Analogiedenken. Wir kennen es vom Mondkalender. Bei abnehmendem Mond nimmt alles mögliche leicht ab – nicht *weil* der Mond abnimmt, sondern *ebenso wie* der Mond abnimmt. Das gilt für unser Körpergewicht wie für den Schmutz in unserer Wäsche.

Doch nicht nur mit dem Abnehmen des Mondes lassen sich Dinge verknüpfen, auch das bevorstehende „Vergehen" von Leichen lässt sich für viele Analogiehandlungen einsetzen. Was die Hand eines Toten berührt hat, soll so vergehen wie diese Hand. Oder: Wenn man während eines Leichenbegängnisses eine Warze oder ein schmerzendes Glied berührt und dazu einen – am besten gereimten – Satz aufsagt, der auf dieses „Vergehen" oder „Schwinden" Bezug nimmt, soll die Warze oder der Schmerz ebenso vergehen wie der Körper, der zu Grabe getragen wird – auch Hühneraugen wurden auf diese Weise behandelt.

Krankheiten konnte man auch mit einer Schwindeformel „abschreiben". Dazu wurde die Formel auf ein Blatt geschrieben, und zwar so, dass immer ein Buchstabe weggelassen wurde. So wie die untereinander geschriebenen Buchstaben des Wortes „Abracadabra" oder „Christbaumschmuck" weniger wurden, also abnahmen, so nahm auch die Krankheit ab. Den Zettel mit der Schreibübung hängte man sich so lange um, wie die Krankheit dauerte.

```
ABRACADABRA   oder   ABRACADABRA
 ABRACADABR            BRACADABR
  ABRACADAB             RACADAB
   ABRACADA              ACADA
    ABRACAD               CAD
     ABRACA                A
      ABRAC
       ABRA
        ABR
         AB
          A
```

Auch eine gesunde Gesichtsfarbe wird auf der Basis des Analogiedenkens im Aberglauben beschworen: So soll man etwa das erste Badewasser eines Babys unter einen Apfelbaum gießen, damit das Kind stets rote Bäckchen hat – so wie die Äpfel des Baumes auch.

Weitere Motive des Aberglaubens sind die Versuche, mit Hilfe von analogen Ereignissen in die Zukunft zu schauen. Bekanntestes Beispiel sind die Barbarazweige: Am 4. Dezember geschnittene Kirschenzweige werden im Namen der verschiedenen Heiratskandidaten in die Vase gestellt. Derjenige, dessen Zweig als erster blüht, ist auch derjenige, dessen Liebe als erste blüht – er wird der Zukünftige sein. Dabei muss der Glückliche noch nicht einmal etwas davon wissen, es reicht völlig aus, wenn „sie" daran glaubt.

Aberglaube ist aber Glaube

Das wichtigste am Aberglauben ist seine Rolle als Glaube. Wie jede Religion gibt uns auch der Aberglaube Antworten auf Fragen, die sich im Grunde nicht beantworten lassen. So ketzerisch das zunächst klingen mag: Ob ich glaube, dass ich eine Krankheit als Strafe Gottes oder als das Werk eines Dämonen oder Hockaufs bekommen habe, ist im Grunde völlig gleichgültig. An der medizinischen Erklärung – „ich habe mich angesteckt, und mein Immunsystem war zu schwach, um die Erreger abzuwehren" – gehen beide Antworten ebenso weit vorbei wie an der esoterischen – „Ich habe diese Krankheit, damit ich etwas ganz Bestimmtes erkennen lerne".

Spätestens die *Anleitung zum Unglücklichsein* von Paul Watzlawick hat uns gelehrt, wie wir unsere Welt, unsere Wahrheiten selbst erzeugen. „Selbsterfüllende Prophezeiung" ist das Stichwort. Es besagt kurz gefasst etwa Folgendes: Wenn ich glaube, dass mich ein bestimmtes Unglück ereilen wird, wird es das. Wenn ich davon überzeugt bin, dass ich ein bestimmtes Ziel nicht erreichen kann, wird es mir auch nicht gelingen. Wenn ich andererseits glaube, dass ich mit einer bestimmten Handlung eine bestimmte Gefahr abwenden kann, werde ich das – und das ganz unabhängig davon, ob die Handlung wirklich im kausalen Sinn zielführend ist.

Wer mit dem Wissen des Aberglaubens ausgerüstet ist, besitzt Handlungsanweisungen für alle Lebenslagen. Er weiß, was in bestimmten Situationen zu tun ist, und kann sich beruhigt schlafen legen in dem Wissen, er habe das Seinige zum Gelingen getan – der Rest liegt nicht mehr in seiner Macht. Dieses Gefühl beruhigt und lässt die Menschen ruhig schlafen gehen – auch wenn es draußen stürmt und schneit, die Dachsparren knarren und die Fensterläden klappern, der Strom ausgefallen ist und weder Auto noch Telefon zur Verfügung stehen.

Aktivieren Sie für sich den Schutz des Aberglaubens. Er ist ein mächtiger Schutz. Er ist der Schutz Ihres eigenen Glaubens, Ihrer Überzeugungen, Ihres Wissens. In allen Lebenslagen können Sie sich damit selbst helfen.

Vom Morgen bis zum Abend

Im Laufe eines Tages gibt es unendlich viele Situationen, in denen Sie von Dämonen bedroht und vom Unglück verfolgt werden können. Doch nicht nur Gefahren, auch allerlei Informationen und gute Vorzeichen kann ein ganz normaler Tag für Sie bringen. Sie müssen sie nur erkennen und richtig deuten. Der erste Schritt zum richtigen Umgang mit Omen, Vorzeichen und Geistern ist damit bereits getan. Der zweite Schritt ist dann die Abwehr von Übel und Unheil – vorbeugend oder akut. Gegen viele Dinge lässt sich etwas unternehmen, und manche Schicksalsschläge sind gar nicht so niederschmetternd, wenn man sich lange vorher darauf eingestellt hat.

Albträume im Morgengrauen

Manchmal beginnt der Tag nicht erst mit dem Läuten des Weckers, sondern leider viel früher. Sie schrecken hoch und sind schweißgebadet, Ihr Herz rast, und Sie müssen sich erst ein wenig orientieren, ehe Ihnen bewusst wird: Es war nur ein böser Traum.

Albträume werden von Alben oder Druden verursacht. Druden sind besondere Hexen, die Albträume hervorrufen. Sie kommen aber auch in Losnächten in die Häuser und nehmen ungetaufte Kinder aus den Wiegen. Mit Eiern kann man sie besänftigen. Meist dringen diese Wesen durch Astlöcher in der Holzwand des Schlafzimmers ein. Wenn Sie diese verspunden, sind die Druden gefangen. Sie können aber auch einen Drudenfuß am Bett anbringen; am besten, indem Sie ihn hineinschnitzen, oder Sie basteln ihn aus Spänen von fünferlei Holz und bringen ihn über dem Bett oder an Tür- oder Fensterrahmen an. Falls Ihnen Traumfänger („Dreamcatcher" der nordamerikanischen Indianer) gut gefallen: Auch diese schützen vor Albträumen – am besten wirken sie, wenn Sie sie selbst herstellen und einige Dinge hinein knüpfen oder daran hängen, die Ihnen wichtig sind.

Auch die Anfangsbuchstaben der Namen der heiligen Drei Könige (Caspar, Melchior und Balthasar, eigentlich ist jedoch gemeint: *Christus mansionem benedicat,* also: Christus segne dieses Haus) sollen ein wirksames Schutzmittel vor Albträumen sein. Am besten schreiben Sie sie über Ihre Zimmertür oder über Ihr Bett – mit weißer Kreide auf einer weißen Wand fällt das noch nicht einmal auf. Wirksamen Schutz bieten auch Stechpalmenzweige oder Weihwasser am Bett.

Wenn Sie selbst aktiv werden wollen, werden Ihnen die folgenden Methoden besser zusagen: Zeichnen Sie mit der Zunge drei Kreuze an Ihren Gaumen – oder wackeln Sie beim Einschlafen mit der großen Zehe.

Wenn all das nichts hilft: Schauen Sie einmal unter Ihr Kopfkissen. Vielleicht hat Ihnen jemand eine Albrute von einer Erle oder Esche darunter geschmuggelt. Das ist eine struppige, nestartige Flechte, die auf diesen Bäumen wächst. Wenn Sie sie finden, verbrennen Sie sie. Fassen Sie sie dazu aber nicht mit bloßen Händen an, sonst hilft das Verbrennen nichts.

Etwas schmerzhaft, aber sehr Erfolg versprechend, ist folgendes Mittel gegen das Albdrücken: Suchen Sie sich eine Brombeerpflanze, die an beiden Enden bewurzelt ist (das dürfte Ihnen nicht weiter schwer fallen, da längere Brombeerranken meist auch an der Spitze Wurzeln schlagen), und kriechen Sie darunter hindurch. Die Dornen streifen den Alb von Ihnen ab und halten ihn fest.

Wie sehr der Alb als Dämon personifiziert wurde, zeigt die Warnung, während eines Albtraumes kein Kind zu zeugen – es könnte ein Cretin werden, den der Dämon der Frau unterschiebt. Aus dieser Warnung spricht nicht nur eine erschreckende Unaufgeklärtheit, sie enthält zugleich einen wertvollen Trost: Gebar eine Frau einen Cretin, so war nicht sie oder ihr Mann an dieser Missbildung „schuld", sondern der Alb.

Bei den Dämonen, die Albträume brachten, wurde sehr wohl differenziert. Gefährlich war es, wenn sie von einem Inkubus (ein weiblicher Dämon, der Männern erotische Träume brachte) oder einem Sukkubus (ein männlicher Dämon, der unschuldige Mädchen belästigte) kamen – denn diese Dämonen stehen im Bund mit dem Teufel, und man musste sie sorgfältig abwehren. – Heute brauchen Sie sich wegen dieser Art von Albträumen keine Sorgen mehr zu machen: Nächtliche Erektionen sind physiologisch ganz normal.

Es muss nicht gleich ein Albtraum sein …

Auch die Motive „ganz normaler" Träume können den Träumer erschrecken. Der Aberglaube hat hier eigene Deutungen parat: Wenn Sie von Blut träumen, bedeutet das (wegen der gleichen Farbe) Feuer oder den Tod eines Blutsverwandten. Träumen Sie aber, Sie selbst trinken oder sammeln Blut, so ist das ein gutes Zeichen. Schließlich gilt Blut als Inbegriff der Lebenskraft und als Kraftspender. Wenn Sie von einem Blutegel träumen, heißt das, Sie kommen zu Geld.

Von Bohnen zu träumen, bedeutet Not und Zwietracht in der Familie oder einen Todesfall. Von Eiern zu träumen bringt Unglück. Wenn Sie von Honig träumen, wird Ihnen Glück und Klugheit vergönnt sein. Bei Kirschen im Traum müssen Sie genau hinsehen: Von roten Kirschen zu träumen bringt Glück, von schwarzen Unglück. Wer von Kartoffeln träumt, zieht bald um. Wenn Sie von gelben Birnen träumen, bedeutet das einen Todesfall im engsten Familienkreis.

Von Hirse zu träumen ist ein sehr schlechtes Omen, wenngleich Hirse in ihrer Symbolik eigentlich positiv besetzt ist und Fruchtbarkeit und Reichtum bedeutet. Im Traum steht sie dagegen für Armut und Not.

Von Hunden zu träumen kündigt Verdruss an. Von einem Kamm zu träumen bedeutet Ärger. Von Rosskastanien zu träumen bringt ebenso Unglück wie von schwarzen Katzen.

Können Sie aber nur deshalb nicht schlafen, weil Sie an jemand anderen denken müssen, so wenden Sie einfach Ihr Kopfkissen um – dann denkt der andere an Sie und kann nicht mehr schlafen, während Sie endlich zur Ruhe kommen.

Aufstehen

Ihr Wecker läutet, Sie schwingen die Beine aus dem Bett und stehen auf. – Doch Vorsicht: Wie Sie das tun, ist keineswegs gleichgültig!

Wenn Sie mit beiden Füßen zugleich oder gar mit dem linken Fuß zuerst auftreten, beginnen Sie den Tag unter schlechten Vorzeichen. Zumindest kostet Sie das die gute Laune für den ganzen Tag. Das ist Ihnen egal? Dann sollten Sie heute besser keine Wäsche waschen, die im Freien trocknen muss, oder sonst etwas im Freien planen. Denn wenn nicht alle Hausbewohner fröhlich aufstehen, gibt es kein schönes Wetter. Auch wenn Sie sich missmutig mit dem Rücken zuerst aus dem Bett drehen, werden Sie sicher den ganzen Tag lang in dieser Stimmung bleiben.

Nun ist es zwar angeraten, fröhlich aufzustehen, doch allzu fröhlich sollten Sie auch nicht sein. Pfeifen am Morgen ist gefährlich – Sie wissen ja sicher: „Die Vögel, die am Morgen pfeifen, die holt am Abend die Katz".

MORGENS IM BADEZIMMER

Der morgendliche Blick in den Spiegel bestimmt für viele Menschen die Stimmung des Tages. Sehen Sie nach einer zu kurzen Nacht so aus, dass Sie sich die Zunge rausstrecken möchten? Tun Sie es – und lachen Sie dabei herzlich über sich selbst. Das ist sicher die beste Medizin gegen Morgenmuffelei und kein Aberglauben. Wenn Sie beim Blick in den Spiegel außer Ihrem eigenen Gesicht allerdings noch ein zweites sehen, obgleich außer Ihnen keine zweite Person im Raum ist, werden Sie angeblich bald sterben. Gegen dieses zweite Spiegelbild gibt es einen wirksamen Schutz: Hängen Sie einen Kranz aus weißem Heidekraut rund um den Spiegel – er umrahmt nicht nur das darin gezeigte Gesicht aufs Allerliebste und versüßt Ihnen so den Morgen, sondern er hält auch Übel fern. Symbolisch steht das weiß blühende Heidekraut für stetige Liebe und ist daher ein Glücksbringer.

Die Frage, ob buschige oder schmale Augenbrauen schön sind, schwankt mit der Mode. Zupfen Sie daher bei abnehmendem Mond im Steinbock oder am 18. Juni nicht alle Brauen weg – es könnte sein, dass sie nie mehr nachwachsen, und dann hilft auch kein Krähenhirn vor dem Schlafengehen.

Sie sind mit Ihrem Busen unzufrieden? Herzlichen Glückwunsch, Sie sind in bester Gesellschaft. Wenn er Ihnen zu klein ist, schauen Sie gleich jetzt in Ihren Kalender und merken Sie sich den nächsten Vollmondabend vor. Stellen Sie sich an jenem Abend mit nacktem Oberkörper ans Fenster und flehen Sie den Mond um große Brüste an. – Was Sie tun müssen, damit er kleiner wird, ist nicht überliefert. Wenn Sie bei abnehmendem Mond den Mond bitten, Ihren Busen so schwinden zu lassen, wie seine eigene Fülle schwindet, könnte es sein, dass Sie nicht mehr sichtbare Brüste bekommen. Versuchen Sie vielleicht stattdessen lieber, mit Ihrem Busen zufrieden zu leben.

Ist es aber nicht Ihr Spiegelbild, das Ihnen morgens im Bad die Stimmung für den Tag vermiesen kann, sondern die Waage, so sollten Sie am 27. September die heiligen Brüder Cosmas und Damian, zwei Ärzte, anrufen und sie um Unterstützung bei einer Diät oder Ernährungsumstellung bitten. Wenn Sie mit dieser bei Vollmond beginnen, haben Sie gute Unterstützung – so wie der Mond abnimmt, schwinden auch Ihre Fettpolster.

Den in gewissen Körperzonen unerwünschten Haarwuchs können Sie ganz leicht durch Abrasieren und eine Nachbehandlung der rasierten Stelle mit dem Blut einer Fledermaus unterbinden. An Stelle des Blutes soll angeblich auch der Urin der Fledermaus helfen.

Ihre Finger- und Zehennägel sollten Sie freitags schneiden, das bringt Glück. Wer allerdings seine Nägel bei Licht schneidet, bekommt kranke Augen. Achten Sie unbedingt darauf, dass niemand Ihre Nägelschnipsel in die Hand bekommt. Er könnte sie zu einem Schadenzauber verwenden und Ihnen damit schwer zu schaffen machen. Das gleiche gilt übrigens auch für abgeschnittene oder ausgekämmte Haare.

Ihre Haut macht Ihnen Sorgen? Nehmen Sie sie ernst. Die Haut ist schließlich Ihr größtes Organ, umhüllt Ihren Körper und begrenzt und schützt ihn gleichzeitig vor der Außenwelt. Hautausschläge und Hautunreinheiten sind für den Aberglauben übrigens kein Problem. Man ging sehr früh davon aus, dass sie eine Reinigung und Läuterung bewirken, und ließ sie sich ungestört vollziehen. In jedem Fall behindern das Auftragen von Kosmetika und die diversen Kaschierungsversuche diesen Entgiftungsprozess. Sinnvoller als das Herumkurieren an den Symptomen ist es, den Reinigungsvorgang zu unterstützen, besonders mit blutreinigenden Tees. Diese sind inzwischen auch in jedem Naturkosmetikbuch aufgeführt, gelten also nicht mehr als Aberglaube, zumal immer mehr Menschen die – lange Zeit als Aberglaube verschriene – Ansicht teilen, mit dieser körperlichen Entschlackung gehe auch eine seelische einher.

Sie können sich jedoch auch das Gesicht von einem Hund abschlecken lassen und damit sowohl dem Hund eine große Freude bereiten, weil er das endlich einmal ungescholten nach Herzenslust tun darf, als auch sich selbst, da der Ausschlag durch diese Behandlung verschwinden wird.

Sie haben sich also gewaschen oder geduscht und wollen sich jetzt abtrocknen. Da fällt Ihnen ein, dass Sie Ihr Handtuch gestern Abend in den Wäschekorb in der Waschküche gestopft haben. Was nun? Greifen Sie auf keinen Fall zum Handtuch Ihres Geliebten, Freundes, Ehemannes oder Lebensgefährten. Wenn sich Liebende an demselben Handtuch abtrocknen, gibt es Streit. Das gilt auch, wenn Sie gemeinsam in der Küche stehen, er nasse Finger hat, weit und breit kein Handtuch greifbar ist und er sich an Ihrer Schürze abtrocknen will. Lassen Sie das im Interesse Ihrer Beziehung nicht zu!

Sie haben sich also ein frisches Handtuch gegriffen, stehen abgetrocknet im Bad, ziehen sich an und – wo um alles in der Welt ist Ihr Ehering? Gerade eben lag er noch auf dem Waschbeckenrand … Tipp: Suchen Sie ihn. Er steht symbolisch für Ihr häusliches Glück und ihn zu verlieren bedeutet Unglück oder sogar den Tod. Außerdem könnten Sie ihn möglicherweise noch brauchen, um eine Kuh durch den Ring hindurch zu melken – die gibt dann besonders viel Milch.

WENN ES JUCKT ODER ZUCKT

Es juckt Sie die Hand? Ehe Sie kratzen, schauen Sie erst einmal genau hin: Sitzt auf Ihrem Handrücken ein Floh, bedeutet das, dass ein Brief, auf den Sie warten, bald eintreffen wird.

Juckt Ihre Haut jedoch, ohne dass ein Floh, eine Rötung oder ein Ausschlag sichtbar wäre, kann das vielerlei bedeuten – nur was, darüber herrscht keine Einigkeit. Regional unterscheiden sich die Deutungen, was das Jucken an bestimmten Körperteilen zu bedeuten hat, gewaltig voneinander. Das Beste wird sein, Sie achten unmittelbar nachdem es Sie irgendwo gejuckt hat besonders genau darauf, was Ihnen widerfährt. Vielleicht finden Sie dann für sich selbst genaue und verlässliche Regeln. Hier ein paar Hinweise und Anregungen:

- Juckt es Sie an der Hand, so ist Geld zu erwarten, wenn es die rechte Hand ist; oder Sie geben welches aus, wenn die linke Hand juckt.
- Wenn Sie sich an der Nase reiben müssen, weil es darin kribbelt, so müssen Sie entweder niesen, was ein Unwetter

oder Wind vorwegnehmen könnte, oder Sie dürfen sich auf Neuigkeiten gefasst machen. Möglicherweise erhalten Sie morgen aber auch einen Brief, oder sogar einen Kuss, oder Besuch kommt, oder Ihr Liebster denkt an Sie. Vielleicht bedeutet es aber auch etwas Unangenehmes. Gerade Verdruss kündigt sich manchmal durch Nasenjucken an. Er kann auch darin bestehen, dass Sie in den Schmutz fallen oder gar in eine Schlägerei verwickelt werden.

- Wenn Sie der Fuß juckt, so ist das zwar unangenehm, besonders wenn Sie bestrumpft und beschuht in der Öffentlichkeit unterwegs sind und sich nicht nach Herzenslust ungeniert kratzen können, dafür erwartet Sie aber ein Tanzfest oder eine Reise.
- Juckt der Po oder der Rücken, sinken die Butterpreise (vielleicht ist es zulässig, diese Preissenkung in einer Zeit, in der Butterpreise nicht mehr gar so wichtig sind, für etwas anderes, beispielsweise für Benzin anzunehmen?).
- Juckt Sie die Seite, so werden Sie gesucht.
- Juckt Sie der Mund, so schenkt man Ihnen Süßigkeiten oder einen Kuss (oder ein Herpesausschlag steht bevor).
- Ihr Auge zuckt? Das hat etwas zu bedeuten. Welches ist es denn? Wenn das rechte zuckt, verkündet das Glück, ist es das linke, so bedeutet das Unglück.
- Ihnen ist eine Wimper ausgefallen? Freuen Sie sich. Legen Sie die Wimper auf Ihren Handrücken, wünschen Sie sich im Stillen etwas Schönes und blasen Sie sie weg. Wenn sie sich leicht wegblasen lässt, geht der Wunsch gewiss in Erfüllung.
- Sie haben Schluckauf? Das bedeutet, dass jemand an Sie denkt, der weit von Ihnen entfernt ist.

HAARPFLEGE

Die Haare spielen als Symbol für Lebenskraft und Potenz eine große Rolle – denken Sie nur an die Geschichte von Simson und Delila aus dem Alten Testament (Richter 16, 4–22).

Üppiger Wuchs und eine gepflegte Fülle sind daher nicht nur aus Gründen der Eitelkeit von unerhörter Bedeutung.

Hundert Bürstenstriche am Tag verleihen Ihnen schönes, glänzendes Haar. Es glänzt aber vor allem deshalb so schön, weil das Fett von der Kopfhaut auf die gesamte Haaroberfläche verteilt wird. Es muss gar keine Bürste sein; ebenso sinnvoll ist es, mit einem Kamm vorzugehen, der Verfilzungen löst und auch gleich die Nissen von Kopfläusen mit entfernt – wie Mütter von Kindergartenkindern wissen, ist das heutzutage wieder kein ganz unwichtiger Aspekt. Achten Sie jedoch darauf, dass Ihnen der Kamm nicht herunterfällt, denn dann kündigt sich Ärger an.

Haarausfall werden Sie allein schon aus Gründen der Eitelkeit mit allen Mitteln bekämpfen. Glücklicherweise gibt es eine ganze Menge Hausrezepte zur Auswahl. Besonders Fette aller Art sind hierbei hilfreich – allerdings nicht die harmlosen pflanzlichen, die Sie ohnedies im Haushalt haben. Der Aberglaube empfiehlt hier weit stärkere Geschütze wie beispielsweise Bären- und Krokodilfett oder das Fett einer giftigen Schlange. Auch verkohlte Hasenköpfe oder ein in Blut oder Wasser gesottener Maulwurf sollen wirksam gegen Haarausfall sein. Hundemilch gilt ebenfalls als hervorragendes Haarwuchsmittel – aber melken Sie einmal eine Hündin!

Um es gar nicht erst so weit kommen zu lassen, vermeiden Sie es, nach Einbruch der Dunkelheit ohne Kopfbedeckung das Haus zu verlassen, denn sonst laufen Sie Gefahr, dass Ihnen eine Fledermaus auf den Kopf uriniert, was das Haar sofort mit der Wurzel ausfallen lässt. Haarausfall droht auch, wenn Sie sich am ersten Freitag nach Neumond die Haare schneiden lassen oder wenn Sie an regnerischen Hundstagen ungeschützt das Haus verlassen.

Aus diesen Gründen ist es immer empfehlenswert, über Ihre Haare eine Haube zu stülpen. Darüber hinaus bringt sie Glück und verschafft Ihnen möglicherweise auch noch einen gloriosen Auftritt, wenn Sie sie abnehmen und das fließende

Darunter wasserfallartig den Nacken hinabstürzt. Eine verkehrt herum getragene Kopfbedeckung bewahrt Sie hingegen vor Verhexung – seien Sie also nachsichtig mit Ihrem jugendlichen Sprössling, der darauf besteht, seine Kappe mit dem Schild im Nacken zu tragen. Er ist auf diese Weise zwar nicht vor Sonnenstrahlen im Gesicht, aber vor allerhand Übel geschützt.

Das Färben der Haare ist nicht einfach eine profane, chemische Prozedur. Den verschiedenen Methoden zur Änderung der Ausgangsfarbe kommt beinahe kultische Bedeutung zu – hören Sie nur einmal Hennafans über Friseurfarben reden.

Ehe Sie Ihre Farbe ändern, machen Sie sich klar, wie die verschiedenen Farben symbolisch besetzt sind: Rotes Haar diskreditiert seine Trägerin als jähzornig und treulos. Blondes Haar dagegen zehrt seit jeher von der Verquickung engelhafter Jungfräulichkeit mit lasziver Verführung (über Blondinenwitze reden wir hier nicht). Und hier auch gleich ein – zugegeben ekliges – Rezept zum Färben: Im Mai gesammelte Schnecken, mit Salz bestreut, ergeben eine Salbe, die angeblich blond macht. Hilft es nichts, so haben Sie wenigstens den Pflanzen in Ihrem Beet etwas Gutes getan – ungesünder als Wasserstoffperoxid ist diese Paste vermutlich nicht.

Am besten ist es, wenn Sie die mit der Haarfärbung einhergehende Charakteränderung mit einem entsprechenden Ritual feiern und sich dabei bewusst machen.

Das Haareschneiden sollte übrigens immer bei zunehmendem Mond oder bei Vollmond erfolgen, das fördert das Wachstum. Lässt man hingegen bei abnehmendem Mond Haare, werden sie so schnell nicht wieder nachwachsen – das nutzen Sie am besten aus, wenn Sie sich Körperhaare oder Augenbrauen auszupfen. In jedem Fall sollten Sie unbedingt darauf achten, abgeschnittene oder ausgekämmte Haare sorgsam zu verwahren und keinesfalls aus dem offenen Badezimmerfenster segeln zu lassen. Denn geraten sie in die falschen

26

Hände, kann enorm viel Macht daraus gewonnen werden, die im Schadenzauber gegen Sie eingesetzt werden kann.

Wenn Sie sich langes Haar wünschen, Ihnen die Sache aber viel zu langsam vorangeht, sollten Sie ein Stückchen Ihrer Haare mit Hopfenranken in die Erde legen. Das wird sie sicher dazu anspornen, ebenso schnell zu wachsen wie der Hopfen.

Noch etwas: Angenommen, Sie haben lange Haare und eine steife Schulter und eine Nachbarin kommt, um Ihnen Ihre Zöpfe neu zu flechten. Sie dürfen sich für diesen Freundschaftsdienst auf keinen Fall bedanken, sonst fallen Ihnen die Haare aus. – Im Interesse Ihrer nachbarschaftlichen Beziehungen sollten Sie ihr das allerdings vielleicht vorher sagen. Sie könnte Sie sonst für undankbar halten.

MÄCHTIG ODER UNREIN? – REGELN FÜR DIE REGEL

Frauen sind gefährliche Wesen.

Das ist Ihnen nicht bewusst? Sie dachten, die Welt gehört den Männern? Nun, die Welt des Aberglaubens weiß es besser. Sie ist voll von Vorschriften und Regeln, die die besondere Macht der Frauen anerkennen – auch wenn es manchmal ein wenig anders klingt. Jede Frau ist eine potentielle Hexe, denn sie schafft es, mit scheinbar unsichtbaren Waffen ihre Ziele zu erreichen. Frauen können offenbar allein durch ihren Blick gefährlich werden – ganz besonders dann, wenn sie ihre Periode haben.

Die Reinheitsvorschriften des semitischen Orients, hinter denen hygienische Zielsetzungen standen, wurden vom Christentum ohne das Bewusstsein für ihre praktischen Hintergründe übernommen und auf eine spirituelle Ebene erhoben. Die Folge: Menstruierende Frauen und Wöchnerinnen galten jahrhundertelang als unrein im spirituellen Sinne – im Gegensatz zu Maria, der reinen Magd, bei der bereits für den Akt ihrer Zeugung am 8. Dezember die Erbsünde außer Kraft gesetzt wurde (als Dogma durch Papst Pius IX. 1854).

In Zeiten von Tampons und gekachelten Badezimmern können wir uns kaum vorstellen, wie die Monatshygiene einer Frau in einer Umgebung ohne fließendes, geschweige denn warmes Wasser und ohne Binden funktionieren konnte. Da die Farbe eingetrockneten Blutes an tatsächliche „Unreinheit" denken lässt, wurden viele Frauen während ihrer Tage von ihren völlig unaufgeklärten Männern regelmäßig verprügelt. Dagegen wetterten allerdings bereits im Mittelalter aufgeklärte Prediger von der Kanzel.

Die besondere Kraft, die Frauen ausstrahlen, wenn sie menstruieren, wird von vielen Magiern und Schamanen gespürt – sie bitten aus diesem Grund menstruierende Frauen, sich von ihrem Ritual fern zu halten, da sie deren Energie als sehr stark (und störend) erleben. Im Aberglauben hat sich die Achtung vor der Macht menstruierender Frauen in vielen Vorschriften niedergeschlagen.

Während der Periode soll frau beispielsweise

- nicht in einen Spiegel schauen – er könnte blind werden oder Löcher bekommen.
- ihre Augen bedecken – eine schwangere Stute könnte sonst ihr Fohlen verlieren.
- nicht backen – der Teig geht nicht auf.
- nicht brauen – das Bier gärt nicht richtig.
- nicht in den Weinkeller gehen – der Wein wird sauer.
- etwas Salz in den Brunnen werfen, ehe sie Wasser daraus entnimmt – das schützt ihn vor Verunreinigung.

Nicht überliefert ist übrigens, ob anstelle der Hausfrau an deren „Tagen" die Männer oder die kleinen Kinder diese „verbotenen" Arbeiten übernehmen sollten.

Bleibt die Periode einmal aus, so nehmen Sie ein Stück eines Männerhemdes, verbrennen es und mischen die Asche mit der gleichen Menge Blutwurzkraut *(Potentilla tormentilla)* und Hauswurz sowie Lilienöl, und nehmen Sie diesen Brei ein. Vielleicht sollten Sie nur ein sehr kleines Stück eines Männerhemdes verbrennen …

Die Mahlzeiten

Die Mahlzeiten werden in unserer Zeit immer mehr vernachlässigt und außerhalb des Hauses, im Stehen oder selbst im Gehen auf der Straße eingenommen. Dass damit ein ungeheurer Verlust an Lebensqualität verbunden ist, liegt auf der Hand. Doch auch wenn Sie zu Hause Mahlzeiten zubereiten, gibt es viele Dinge zu beachten. Das beginnt beim Frühstück.

DAS FRÜHSTÜCK

Für den morgendlichen Kaffeegenuss gibt es allerhand Regeln, die Sie beachten sollten, wenn Sie einen guten Start in den Tag und in Ihr weiteres Leben wünschen.

Das beginnt schon beim Mahlen des Kaffees: Wenn Ihnen eine Bohne aus der Kaffeemühle springt, sollten Sie sich noch vor dem Kaffeetrinken ankleiden, denn dann kommt unverhofft Besuch.

Wenn Sie den Frühstückstisch decken, legen Sie als Erstes Brot mit auf den Tisch. Allerdings müssen Sie es sofort zudecken, zum Beispiel, indem Sie das Tischtuch oder eine Serviette darüber schlagen, um es zu schützen. Abgesehen davon ist es keineswegs gleichgültig, wie Sie das Brot auf den Tisch legen: Wenn Sie das Brot so hinlegen, dass es über die Tischkante hinausragt, so bricht demnächst eine Krankheit aus. Ist es bereits angeschnitten, so darf die angeschnittene Seite auf keinen Fall zur Tür weisen, denn sonst geht das Glück aus dem Haus.

Ganz gefährlich ist es, wenn Sie das Brot mit dem Rücken nach unten auf den Tisch legen. Dann leiden zumindest die armen Seelen – und daran, wie es schaukelt, kann man erkennen, wie sie versuchen, es umzudrehen. Außerdem riskieren Sie damit, dass der Teufel, die Hexen oder sonstiges Unglück ins Haus kommen. Eine der schlimmsten Folgen davon ist vielleicht, dass Sie sieben weitere Jahre lang keinen Mann finden.

Nun kommt etwas ganz Wichtiges: Das Schneiden des Brotes. Am besten ist es, wenn Sie das Brot mit einem scharfen Messer sauber und glatt abschneiden und das Abgeschnittene dann nur noch brechen. Bevor man das Brot anschneidet, kratzt man auf die Unterseite drei Kreuzzeichen. Derjenige, der das Brot anschneiden darf, ist der Brotherr. Nur wenn er es ordentlich macht, reicht das Brot länger, geht nie aus, wird nicht behext und gereicht der ganzen Familie zum Segen. Dem Brotherrn gebührt auch der begehrte knusprige Anschnitt des frischen Brotes – allerdings wird er geizig, wenn er ihn alleine isst.

Das Messer darf man nach dem Anschnitt nicht auf das Brot legen oder gar im Brot stecken lassen, sonst wird man nicht satt oder bekommt Zahnweh oder provoziert sonst ein Unglück, und die armen Seelen müssen weinen. Ganz falsch wäre es auch, das Brot beidseitig anzuschneiden. Das hieße, dem Herrgott die Ferse wegzuschneiden!

Sie tragen als nächstes Geschirr, Butter, Marmelade und Kaffee auf den Tisch. Achten Sie darauf, dass der Deckel der Kaffeekanne stets ordentlich geschlossen ist. Wenn Sie ihn nämlich offen lassen, bekommen Sie sieben Jahre lang keinen Mann, oder es laufen Ihnen die Männer davon. Der Grund für diese Regel ist leicht einzusehen: Bei geöffneter Kanne kühlt der Kaffee zu schnell ab, und kalter Kaffee galt schon immer als grauslich; wer es mutwillig dazu kommen lässt, ist nicht reif, einem Haushalt vorzustehen.

Dem gleichen Sparsamkeitsgedanken entspringt auch die Vorstellung, kalter Kaffee mache schön. Diese Vorstellung sollte eitle junge Damen offenbar hauptsächlich dazu animieren, ihn nicht wegzuschütten, sondern dennoch zu trinken. Also kein Aberglaube, sondern schlicht Erziehung zur Sparsamkeit? Probieren Sie es aus – vielleicht werden Sie sogar so schön, dass Sie ihn selbst mit Rahm *und* Zucker trinken können und Ihnen die Männer trotzdem zu Füßen liegen. Wenn Sie Ihren Kaffee nämlich lieber mit Rahm als mit Zucker trinken, werden Sie eine alte Jungfer. – Schenken Sie sich zu oft nach, so ist Ihnen eine böse Schwiegermutter beschert. Das Tröstliche daran ist: Sie bekommen zumindest einen Mann! Wer Schaum auf dem Kaffee findet, bekommt Geld. Sammelt sich der Schaum in der Mitte, bekommt man einen Kuss. Wer seinen Kaffee in einem Zug austrinkt, erhält ein Geschenk.

Auch wenn Sie nicht Kaffee, sondern lieber Tee zum Frühstück trinken, sollten Sie die Tasse nicht einfach leeren. In Ihrer Tasse schwimmt ein einzelnes Teeblatt? Dann kommen Gäste, oder es ist eine Braut oder ein Bräutigam im Haus. Die Milch sollten Sie nie vor dem Zucker in den Tee gießen, denn das bedeutet eine unglückliche Liebe – oder Sie heiraten nie.

Sie streichen Butterbrote für die ganze Familie, und eines fällt zu Boden? Oje. Wie ist es denn gelandet? Auf der gebutterten Seite? Das gibt Regen – oder Sie haben schon eine Sünde getan! Auf der ungebutterten Seite? Glück gehabt – dann wird das Wetter gut. Achten Sie im übrigen darauf, dass Ihre Kinder ihre Butterbrote nicht auf der Straße essen – sonst schwindet der Segen des Hauses.

VOM KOCHEN

Bleiben wir gleich beim Thema Mahlzeiten. Ihre Zubereitung ist ein heikles Thema, bei dem man einiges falsch machen kann und bei dem einige Orakel anfallen. Das beginnt bereits bei der Lage der Küche und den Küchenfenstern: In die Küche darf der Mond nicht scheinen, sonst wird darin viel Geschirr zerbrochen.

Beim Kochen selbst gibt es ein paar Grundregeln, die jede Speise betreffen, und andere, die nur bei bestimmten Speisen zum Tragen kommen. Zu den ersten gehört folgende: Immer mal wieder sollten Sie während des Kochens einen Löffel der Speise ins Feuer (nicht jedoch auf die Herdplatten – das wird zu teuer!) werfen, er nährt und besänftigt die Verstorbenen der Familie. Wenn hingegen der Wasserkessel pfeift, kündigt sich Unglück an, dann singen nämlich die armen Seelen.

Sind Sie eine schlechte Köchin? Ihnen kann geholfen werden. Versuchen Sie einfach, die Zwerge beim Zubereiten ihrer Mahlzeiten zu beobachten. Zwerge sind nämlich verflixt gute Köche, verraten ihre Rezepte aber nur Jungfrauen, und nun müssen Sie sich etwas einfallen lassen. Wenn Ihr Mann ein begnadeter Koch ist, ist ja sowieso alles in Butter und Sie müssen nicht aktiv werden. Wenn auch er noch dazulernen könnte, darf er auf keinen Fall selbst den Zwergen auflauern. Diese hauen ihn sonst gleich mit in die Pfanne. Am besten wird sein, Sie engagieren eine Jungfrau, die in Ihrer beider Auftrag die Geheimrezepte auskundschaften soll. Als Gegenleistung führen Sie sie vielleicht in ein gutes Restaurant zum Essen aus.

Lügen sollten Sie eigentlich nie – oder doch nur so selten wie möglich. Auf keinen Fall aber dürfen Sie es tun, während Sie eine Mahlzeit zubereiten – das Essen wird sonst nicht gar.

In den Zwölf Nächten (zwischen Weihnachten und dem 6. Januar) sollten Sie auf keinen Fall kochen. Sie müssen am Abend also entweder kalt essen oder schon am Mittag vorkochen. Halten Sie sich nicht an dieses Verbot, so werden Sie noch im folgenden Jahr sterben. – Dieses Gebot zur Einhaltung der Feiertagsruhe hat bis heute nichts von seiner menschlichen Komponente weiblicher Solidarität verloren und wurde ursprünglich ersonnen, um die geplagten Frauen wenigstens für diese Zeitspanne ein wenig zu schonen. Auch in diesem Jahrhundert haben sie zur Weihnachtszeit sicher genug anderes um die Ohren, und heute ist es ja auch relativ leicht, eine warme Mahlzeit auf den Tisch zu bringen, ohne selbst zu kochen – vielleicht lassen Sie einfach Pizza für die ganze Familie kommen.

Zu den Hinweisen bei der Vorbereitung einzelner Mahlzeiten gehören folgende:

Wenn Sie Klöße kochen, dürfen Sie diese nicht zählen, sonst traut sich das Holzweibl, ein netter Hausgeist, dessen Leibspeise Knödel sind, nicht, sich einen zu stibitzen, und muss verhungern. Knödel sollten Sie übrigens nur dienstags und donnerstags kochen, das sind die traditionellen Knödeltage.

Bleiben Kartoffeln beim Abschütten am Topfboden kleben, ist mit Besuch zu rechnen.

Kocht Ihnen die Milch über, werden die Kühe weniger Milch geben. Die mögen es nämlich gar nicht, wenn man mit ihrer Milch achtlos umgeht und reagieren sofort darauf.

Wenn Sie Würste kochen, sollten Sie in einem unbeobachteten Moment ins Wasser spucken – die Würste platzen dann nicht.

Das Wasser, in welchem Sie die Ostereier kochen, ist wundertätig – es lässt beispielsweise Warzen verschwinden, wenn man sie damit bestreicht. Sie können es erkalten lassen und dann trinken, und auch Ihren Haustieren wird ein Schälchen davon gut bekommen. Beim Ostereierkochen sollten Sie jedoch darauf achten, dass kein Mann in der Nähe der Küche die Toilette aufsucht, es sei denn, er pinkelt freundlicherweise im Sitzen. Hält er nämlich seinen Penis in der Hand, während die Eier auf dem Herd stehen, werden die Ostereier nicht hart – Aberglaube kann recht drastisch sein!

Wenn Sie ein Kind haben, das bald in die Schule kommt, sollten Sie ihm kleine Zettelchen mit dem ABC in den Brei einkochen, es lernt dann leichter lesen. Als moderne Alternative sind Buchstabennudeln zu diesem Zweck zu empfehlen.

Sie haben für die ganze Familie Pfannkuchen gebacken? Achten Sie darauf, dass Sie die leere Bratpfanne nicht auf dem Küchenherd stehen lassen – sonst müssen die armen Seelen darin braten. Das Schmalz der Pfannkuchen ist übrigens heilkräftig, Sie sollten es aufheben und beim nächsten Brustkatarrh zum Einreiben verwenden.

Mit Gold aufgewogen: das Salz

Wer mit Hautproblemen zu tun hat, weiß es längst: Salzwasser reinigt. Nach einem Urlaub am Meer kommen Sie meist mit klarer, sauberer Haut zurück.

Doch nicht nur von Keimen und Krankheitserregern, wie sie bei Akne in verstopften Poren ihr Unwesen treiben, kann Sie Salz im Badewasser befreien, auch von belastenden Gedanken, Gefühlen, Stimmungen – kurz: von all jenem, was in der Welt des Aberglaubens unter Dämonen gereiht wird.

Als dämonenabweisendes Mittel ist Salz vielfältig einsetzbar, geradezu „heilig". Wenn Sie bei Tisch oder beim Kochen Salz verstreuen, bringt das folglich Unglück. Sie können dem jedoch die Spitze nehmen, indem Sie sogleich von dem verschütteten Salz eine Prise nehmen, sie über Ihre linke Schulter werfen und dazu dreimal leicht ausspucken – nicht mehr, als wenn Sie „toi, toi, toi" sagen. So bannen Sie das losgetretene Unheil hinter sich.

Beim Kochen sollten Sie nicht aus falscher Sparsamkeit auf Salz verzichten – sonst müssen Sie damit rechnen, als Hexe zu gelten: In der Hexenküche fehlt das Salz. Nur eine Jungfrau darf das Salzen vergessen – sie gilt dann nicht als Hexe, sondern als fromm. Falls Sie allerdings zuviel Salz erwischen, gelten Sie nicht als Hexe, sondern als verliebt.

DER GEDECKTE TISCH

Wenn Sie zu jenen Menschen gehören, die Tischtücher verwenden, achten Sie unbedingt darauf, dass Sie sie mit der rechten Seite nach oben auflegen – auch wenn die Unterseite weniger Flecken hat: Wenn Sie das Tischtuch verkehrt herum auflegen, werden die Gäste nicht satt.

Das einzige, was Sie sicher niemals auf den Tisch stellen dürfen (aber auf eine derart abwegige Idee kommen Sie sicher ohnehin nicht), sind Schuhe – denn das bringt Unglück!

NEHMEN SIE PLATZ!

Das sagt sich so leicht. Doch achten Sie in jedem Falle darauf, wo Ihr Platz ist. In Restaurants tun Sie das ohnehin und ganz instinktiv: Die meisten Menschen setzen sich am liebsten mit dem Rücken zur Wand und dem Gesicht zur Tür, um hinter sich ein Gefühl der Sicherheit zu haben und Eintretende im Auge behalten zu können. Zu Hause ist das nicht ohne Weiteres möglich – hier sollten Sie sich einen festen Sitzplatz sichern, der zumindest nicht zusätzlich gefährdet ist.

Gefährlich ist es beispielsweise, wenn Sie unter einem Spiegel sitzen müssen. Das bringt auf jeden Fall Unglück, und sei es auch nur in der Form, dass Sie noch sieben Jahre auf die Heirat warten müssen.

An der Ecke des Esstisches sollten Sie auch nicht sitzen müssen. Entweder heiraten Sie dann schon sehr bald, denn in dieser Familie ist ja offenbar kein Platz mehr für Sie vorhanden, oder Sie heiraten erst in sieben Jahren, was nicht als besonderer Glücksfall gewertet werden kann. Das Gleiche gilt auch, wenn Sie an einer großen Tafel so sitzen, dass Sie ein Tischbein zwischen Ihren Beinen haben. Vielleicht bedeutet das aber auch nur, dass Sie eine böse Schwiegermutter bekommen.

BEIM ESSEN

Während des Essens kann der böse Blick viel Schaden anrichten, Sie sollten sich also gegenseitig eine gesegnete Mahlzeit wünschen, um diesen abzuwehren.

Höflichkeit kann sich durchaus lohnen. So zahlt es sich zum Beispiel aus, beim Speisen den anderen den Vortritt zu lassen. Wer nämlich zuerst aus der gemeinsamen Schüssel isst, stirbt auch zuerst – ursprünglich sicher eine Vorschrift, um der Achtung vor dem Alter Nachdruck zu verleihen. Alte Menschen galten in früherer Zeit, besonders aber in Notzeiten, vielfach als unnütze Esser und wurden entsprechend schlecht behandelt.

Wer die Beine beim Essen kreuzt, bekommt Bauchweh. Auch wenn die anderen plötzlich nicht weiter reden können, hat sicher jemand die Beine unter dem Tisch verkreuzt.

Fällt jemandem beim Essen ein Bissen auf den Boden, so war er ihm nicht vergönnt – und das ist ein ganz schlechtes

Vorzeichen. Fällt hingegen ein Messer auf den Boden und bleibt darin stecken, so kommen bald Gäste.

Während des Essens sollten alle am Tisch sitzen bleiben, bis der letzte mit Essen fertig ist – ein Ideal, das dafür sorgt, dass die gemeinsame Mahlzeit der Familie als Symbol für die Hausgemeinschaft in irgendeiner Form erhalten bleibt. Schon immer schienen sich bestimmte Hausbewohner nicht daran gehalten zu haben, weshalb für diesen Fall unglaubliche Drohungen ausgesprochen werden: Wenn die Hausfrau während der Mahlzeit aufsteht, verlegen die Hühner die Eier, und wer während des Essens am Weihnachtstag aufsteht, dem droht im kommenden Jahr sogar der Tod.

Übrigens: Kalt gewordenes gekochtes Essen macht, ebenso wie kalter Kaffee, schön.

Eine gute Suppe ist etwas Herrliches, und sie hilft gegen fast alles, von Liebeskummer über Heimweh bis zu kalten Füßen, wie Sie vielleicht aus Erfahrung wissen. Wenn nicht, sollten Sie es unbedingt ausprobieren. Doch wussten Sie auch, dass derjenige, der viel Suppe isst, dadurch sein Leben verlängern kann? Dieselbe günstige Wirkung soll übrigens auch langsames Essen haben.

Kopfsalat ist, wie ja bekanntlich Salat überhaupt, überaus gesund, aber sein Verzehr ist dennoch nicht völlig gefahrlos. Er ist nämlich die Pflanze des Teufels, weswegen man sich, bevor man ihn isst, unbedingt bekreuzigen sollte.

Auch beim kalten Abendbrot mit Aufschnitt und Brotscheiben sollten Sie Kreuze in Wurst, Käse und Gebäck ritzen. Sie segnen damit das Essen und sind dadurch selbst zugleich geschützt.

Käse sollte der letzte Gang sein, denn er schließt den Magen. Außerdem hilft Käseessen gegen Langeweile, die nach dem Essen aufkommen kann, gepaart mit der Schläfrigkeit, die ein voller Magen beschert. Es ist dabei aber sehr wichtig, dass keine unverheiratete Frau das Anschneiden des Käses übernimmt. Sie bekommt sonst sieben Jahre keinen Mann.

Nach dem Essen, besonders über Nacht, darf übrigens nichts auf dem Tisch liegen bleiben – sonst kann das jüngste Kind in der Familie nicht schlafen. Eine Ausnahme bilden gezielte Speiseopfer.

Damit Sie immer genug Geld in der Börse haben, geben Sie drei Brosamen oder eine Karpfenschuppe vom Weihnachts- oder Silvesterkarpfen hinein. Sie stehen für das Brot respektive für die Silbermünzen, die Ihnen nie ausgehen mögen.

Vom Backen

Als elementar notwendige Kunst kommt dem Backen traditionell etwas von einer heiligen Handlung zu. Das ist in dem Moment verständlich, in dem man sich klar macht, dass es in früheren Zeiten nur eine Alternative zum gelungenen Brot gab: Hungern. Den Teig wegzuwerfen und noch mal neu anzusetzen konnte sich niemand leisten – es gab keine Geschäfte, in denen man Getreide hätte kaufen können.

Um dem – im einzelnen nicht weiter bekannten – Prozess des Gehens der Hefe oder des Sauerteigs jeden nur möglichen Schutz zu gewähren, gab es strenge Regeln: Solange der Teig geht, darf man die Backstubentür nicht öffnen, sonst wird das Brot verhext. Diese Vorstellung ist natürlich kein Aberglaube: Der aufgehende Teig braucht Wärme und verträgt keine Zugluft. „Verhext" heißt hier „geht nicht auf". Auch wenn die Hausfrau beim Backen Dill bei sich trägt, schützt das den Teig vor Behexung. Zusätzlich schlägt man über dem Teig drei Kreuze in die Luft, besprengt ihn mit Weihwasser oder drückt ein Kreuz hinein. Auch der Ofen wird sicherheitshalber besprochen und durch eine Handvoll Erbsen, Kräuter oder durch Hineinspucken geschützt. Um ganz sicher zu gehen, spritzt man etwas Mehl und Wasser für die Holzweiblein auf die Kohlen und wirft auch drei Stück Brot als Opfer für die armen Seelen oder die Verstorbenen in den Ofen.

Wenn Sie selbst backen, sollten Sie zusätzlich folgende Regeln beachten: Am Freitag darf man nicht backen, das bringt

Not oder zumindest Streit – und wahrscheinlich finden Sie einen Laib weniger im Ofen als Sie hineingegeben haben. Wenn Sie am Sonntag backen, entheiligen Sie den Feiertag.

Das Brot geht übrigens nicht aus, wenn ein Mitglied der wilden Jagd seine Hand in den Sauerteig getaucht hat. Etwas Mut brauchen Sie allerdings schon, um Ihren Teig in den dunkelsten Nächten des Jahres ins Freie zu bringen und vor anderen, hungrigen Wesen zu schützen, während Sie darauf warten, dass mit dem Sturm so unheimliche Wesen wie Wotan selbst oder der wilde Jäger auf seinem dreibeinigen Pferd (eine nach ihrem Tode in ein Pferd verwandelte Pfaffenköchin), seine dreibeinigen Hunde, Füchse und Dachse daherkommen und einer von ihnen seine Hand in Ihren Teig taucht … Vielleicht ist es besser, Sie geben Acht, dass Sie nichts falsch machen beim Backen, dann kommen Sie mit Ihrem Mehl auch lange aus und können sich diese Angstpartie ersparen.

Beim Brötchenbacken ist es durchaus nicht belanglos, wie Sie die Oberseite durch Längs- und Querfurchen unterteilen. Das klassische Brötchen etwa, das durch zwei Ritzen, die ein Kreuz miteinander bilden, in vier Teile geteilt wird, hat diese Form nicht zufällig. Mit dem Kreuz danken Sie Gott für das Brot, und um auf Nummer sicher zu gehen, sollten Sie das Zeichen auch einfach übernehmen und hier ausnahmsweise nicht experimentierfreudig sein.

Das selbst gebackene Brot lässt sich auch als Orakel deuten: Ist ein Brot der Länge nach gerissen, bedeutet das eine Niederkunft oder einen Todesfall; manche sagen, nur das quer gerissene Brot verkündige einen Todesfall. Hat das Brot einen Mund, so kommen bald Gäste.

Vermutlich ist Ihr Backofen keiner von der aus Hänsel und Gretel bekannten Sorte, in der man Krankheiten wie in einer Sauna ausschwitzen konnte. Falls doch: Kriechen Sie auf keinen Fall hinein, wenn Sie schwanger sind. Ihr Kind bekommt sonst rote Haare.

Die Hausarbeit

Wann Sie welche Hausarbeit machen, das bleibt mehr oder weniger Ihnen überlassen. Wichtig ist, dass Sie die Feiertagsruhe einhalten, sonst kommen die schrecklichsten Unglücke über Sie. Ansonsten könnten Sie sich die Hausarbeit natürlich sehr erleichtern, indem Sie sie im Rhythmus mit dem Mond durchführen – Reinigungsarbeiten erledigen Sie also am besten bei abnehmendem Mond, Kehren und Staubwischen an Lufttagen, feuchte Arbeiten an Wassertagen.

Kehren müssen Sie unbedingt von außen nach innen und nicht etwa so, dass Sie am Schluss allen Kehricht aus Ihrem Haus schwungvoll auf die Straße fegen. Dann können nämlich Fremde sich dessen bedienen und ihn zu einem Schadenzauber gegen Sie einsetzen. Kehren Sie stattdessen alles von außen nach innen und verbrennen Sie den Kehricht im Herd. Besonders sorgfältig sollten Sie am Samstag kehren, denn das ist der Tag, an dem die Seelen der Verstorbenen nach Hause kommen, und die müssen hinter der Tür einen sauberen Platz vorfinden, an dem sie sich niederlassen können.

Der Besen ist ein wichtiges Mittel, das Ihren Haushalt vor allerlei Unheil und Dämonen schützen kann – wenn Sie im Freien sind, auch vor Blitzschlag. Dazu sollten Sie ihn allerdings stets mit den Borsten nach oben aufbewahren. Da er jede Menge Dreck für Sie beseitigt und aufnimmt, sollten Sie den Besen regelmäßig verbrennen und dann erneuern.

Wenn die Türangel quietscht, seufzt darin eine arme Seele – sprechen Sie für sie ein Gebet, während Sie die Türangeln ölen, oder stellen Sie ihr in der Nacht ein wenig Essen hin – Milch und Backobst haben sie gern, auch Seelenwecken oder Seelenzöpfe eignen sich gut.

Nicht nur beim Quietschen der Türangeln sollten Sie an die armen Seelen denken. Auch das Zuknallen von Türen lässt arme Seelen besonders leiden – quälen Sie sie also nicht unnötig und behandeln Sie Ihre Türen umsichtig.

AUFRÄUMEN MIT HINDERNISSEN

Ist es Ihnen schon einmal geschehen, dass Sie eben noch etwas in der Hand hatten, es nur ganz kurz abstellen wollten, und dann ist es unauffindbar? Oder Sie suchen verzweifelt den Kartoffelschäler, lassen den Blick nun schon zum dritten Male Millimeter für Millimeter über die Arbeitsflächen Ihrer Küche gleiten und wollen schon stattdessen ein Messer verwenden, da entdecken Sie ihn plötzlich direkt und unübersehbar vor Ihrer Nase? Oder Sie sind sich absolut sicher, den Haustürschlüssel auf das Tischchen bei der Garderobe gelegt zu haben, und nun ist er weg? Und Sie fragen sich immer und immer wieder, wo die ergänzenden Strümpfe der siebenhundertfünfundneunzig einzelnen sind, die Sie in vergeblicher Hoffnung auf Wiedervereinigung in einer eigenen Schublade aufbewahren?

Es gibt eine einfache und plausible Ursache für derlei Phänomene: Es ist das Klopferle, ein grundsätzlich gutmütiger und freundlich gesonnener Hausgeist, der manchmal auch Arbeiten für Sie verrichtet – meistens leider nur kleine, die kaum auffallen, um sich nicht zu verraten –, der bedauerlicherweise aber einen riesigen Spaß daran hat, Dinge zu verräumen und Sie damit zur Weißglut zu bringen. Tipp: Lassen Sie sich einfach nicht aus der Ruhe bringen. Setzen Sie sich gemütlich hin und trinken Sie erst mal eine Tasse Tee, wenn er Sie wieder neckt – dann hat er nur halb so viel Spaß daran und triezt Sie in Zukunft vielleicht weniger.

BETTEN MACHEN

Nun wird es Zeit für die tägliche Hausarbeit: Das Bettzeug möchte gelüftet werden. Nur in den Monaten mit „R" sollten Sie es besser bleiben lassen – ansonsten stirbt der Eigentümer bald. Legen Sie das Bettzeug also in den anderen Monaten ins Fenster – das holt streunende Hühner und Katzen zurück und hilft gegen Gewitter. Doch halt: Sonntags dürfen Sie das Bettzeug eines Ehepaares nicht lüften – das bringt Streit.

Apropos Streit: Achten Sie auch darauf, dass keine Hühnerfedern in Ihren Federbetten sind, ansonsten trägt das zänkische Hühnervolk seinen Streit in Ihr Haus hinein (ein internationales Möbelhaus scheint das nicht zu wissen – es verwendet Hühnerfedern zur Füllung von Sofakissen).

WÄSCHE WASCHEN

Waschtag – das ist nicht nur die klassische Ausrede einer Frau, die abends gern einmal früh schlafen gehen möchte, sondern überhaupt ein wichtiges Ereignis. In Zeiten ohne Waschmaschine war allein schon das Wetter am Waschtag ausschlaggebend – schließlich musste die Wäsche ja innerhalb vernünftiger Zeit trocknen, und schleudern konnte man sie damals noch nicht.

Doch machen Sie sich keine Sorgen: Wenn Sie die Hosen Ihres Mannes waschen, wird es schönes Wetter geben. Damit die Sonne tatsächlich scheint, sobald die Hosen Ihres Mannes auf der Leine hängen, sollten Sie daraus vielleicht ein seltenes und besonderes Ereignis machen – im Zuge der Emanzipation sicher kein Problem. Droht ein Unwetter, müssen Sie in die zum Trocknen aufgehängten Hosen lachen, und es wird sich verziehen. Hierbei reicht es auch, wenn es Ihre eigenen Hosen sind. Auch wenn alle Hausangehörigen am Tag der großen Wäsche ein freundliches Gesicht machen, soll das Wetter schön bleiben.

Keine Wäsche waschen sollten Sie übrigens in den Zwölften, also in der Zeit zwischen Weihnachten und dem 6. Januar. Dies sind die gefährlichen Nächte, in denen die wilde Jagd und die Percht umgehen, und die fahren erbarmungslos in die Wäsche und strafen Sie ganz fürchterlich für diese Verletzung der Arbeitsruhe.

Sollten sich auf Ihrer Wäsche, die zum Trocknen aufgehängt ist oder im Schrank lagert, dunkle kreuzförmige Flecken bilden, ist das verheerend – nicht nur, weil Sie diese Wäschestücke nun noch einmal waschen müssen, sondern auch, weil sich auf diese Weise ein Todesfall oder zumindest eine schwere Krankheit ankündigt.

Sie haben Leinen gewaschen und möchten es zum Bleichen auf der Wiese ausbreiten? Das ist gefährlich. Passen Sie gut auf die Wäsche auf, und bringen Sie sie auf keinen Fall vor Georgi hinaus (24. April). Denn vor Georgi gebleichtes Tuch bringt Schauerwetter, und wenn man dieses Leinen nicht verbrennt, gibt es in der Nachbarschaft viele Tote.

Sie haben den Pelzmantel gelüftet und wollen ihn jetzt in den Schrank zurück hängen, stellen aber fest, dass er von Motten befallen ist. Was tun? Legen Sie den Pelz einem schwitzenden Pferd auf den Rücken, das vertreibt die Tierchen.

Die Gastfreundschaft

Gäste waren in Zeiten ohne Handy, Telefon, Radio oder Fernseher einerseits gern gesehen, da sie Neuigkeiten mitbrachten, andererseits waren sie jedoch eine Gefährdung der häuslichen Ordnung, da sie bewirtet werden mussten. Man hätte es eben gern nicht erst dann gewusst, wenn sie da sind, dass man die doppelte Menge Suppe hätte aufsetzen sollen. Hieran hat sich bis heute nicht viel geändert.

Glücklicherweise gibt es einige Vorzeichen, die Gäste zuverlässig ankündigen: Wenn sich die Katze putzt oder wenn ein Messer oder eine Schere beim Hinunterfallen im Boden stecken bleiben, kommt Besuch. Auch ein reicher Lachsfang kündigt viele Gäste an, was sich wahrscheinlich damit erklärt, dass sich Ihr Glück sehr rasch herumspricht und die Leckermäuler nun in Scharen herbeiströmen, um Ihnen beim Verzehr der Beute zu helfen.

Für den potentiellen Gast gibt es einige Anzeichen, an denen er vorher bereits erkennen kann, ob er bei seinen Gastgebern auch willkommen ist. Wenn ihm ein leerer Wagen entgegenfährt, so ist er nicht gern gesehen. Auch wenn er beim

Eintreten mit dem linken Fuß stolpert, sollte er besser gleich kehrtmachen. Stolpert er dagegen mit dem rechten Fuß, so ist er willkommen.

Sie sind sich als Gast dennoch nicht sicher, ob Sie wirklich willkommen sind, und haben guten Grund zu fürchten, das Getränk, das man Ihnen reicht, könnte möglicherweise vergiftet sein? Hauchen Sie dreimal gegen das Glas – wenn Ihr Verdacht zutrifft, zerspringt es.

Jeder Gast muss sich, ganz gleich wie lange er bleiben kann, hinsetzen, denn sonst nimmt er die Ruhe mit sich fort. Aus dem gleichen Grund muss er, auch wenn er gerade gegessen hat, etwas mitessen, wenn die Familie gerade beim Essen sitzt – und sei es noch so wenig.

Gäste, die zu einem Schlachtfest geladen sind, dürfen sich nicht für das Fleisch bedanken, sonst wird die nächste Mast nicht erfolgreich.

Wenn Sie keinen Streit wollen, sollten Sie eines unbedingt vermeiden: dem anderen zu genau auf die Hände zu schauen – denn Hände besehen gibt Streit.

GRUND ZUM FEIERN GIBT ES OFT

Wenn Sie Gäste einladen, achten Sie auf die richtige Zahl. Am besten ist eine gerade Zahl, die gelten grundsätzlich als positiv. Problematischer sind ungerade Zahlen, besonders drei, sieben und neun können leicht eine unglückselige Eigenwirkung entwickeln. Sieben ist ja nicht nur die Zahl der Wochentage, sondern auch jene der Plagen, die Gott den Ägyptern sandte, damit sie das Volk Israel ziehen ließen.

Dreizehn Gäste sollten es auf keinen Fall sein – nicht nur, dass Sie Schwierigkeiten hätten, für diese ein einheitliches Geschirr zu finden; Sie wollen doch sicher auch Ereignisse wie jene nach dem letzten Abendmahl vermeiden? Die Verteufelung der 13, die ja so weit geht, dass es in vielen Hotels weder eine 13. Etage noch Zimmer mit der Nummer 13 gibt, hängt übrigens mit unserem Kalender zusammen: Vor der einheitlichen Einführung des Sonnenkalenders mit seinen zwölf Monaten, die unter Caesar erfolgte, waren lokal vielfach Mondkalender in Gebrauch. Jedes Jahr hatte 13 Mondmonate, die sich jedoch nicht genau auf 365 Tage verteilen ließen und daher viele Verschiebungen zur Folge hatten. Der Vorteil der Mondkalender war, dass man das Datum am Himmel ablesen konnte. Um die Umstellung vom sichtbaren Mond- auf den astronomischen Sonnenkalender mit Nachdruck zu betreiben, wurde die 13 mit allen Mitteln verteufelt.

Geburtstage sollte man keinesfalls im Vorhinein feiern. Denn dann kann man sich nicht gratulieren lassen. Zu frühe Glückwünsche wirken wie Verschreien: Ehe Sie den Jubeltag nicht wirklich erlebt haben, sind sie unangemessen. Wer vorher gratuliert, provoziert die Götter, ihre Macht zu zeigen und dafür zu sorgen, dass diese Glückwünsche ins Leere gehen.

Nachher zu gratulieren ist übrigens nicht schlimm – und Sie können es so lange tun, bis der Jubilar zum ersten Mal nach seinem Festtag Sauerkraut gegessen hat.

Auch Geschenke haben es in sich. Oft merkt man nicht gleich, dass man da etwas falsch gemacht hat, und wundert sich nur, wenn eine recht freundschaftliche Beziehung plötzlich belastet wird oder zum Erliegen kommt. Vielleicht haben Sie nur etwas Falsches geschenkt?

Ein Beispiel dafür sind Spiegel. Man darf sie nicht verschenken, denn das bringt Streit. Auch wenn Sie von einem Gast einen spitzen Gegenstand, vorzugsweise eine Schere, eine Nadel oder ein Messer erhalten, dürfen Sie sich nicht bedanken. Am besten ist es, Sie geben ihm dafür eine kleine Münze – sonst ist es mit der Freundschaft bald vorbei: Spitze Gegenstände schenken bringt Streit.

KARTEN SPIELEN

Abends kommen Freunde zum Kartenspielen vorbei? Wunderbar – vorausgesetzt, es ist kein Wochenende. An Samstagen, Sonntagen, an Karfreitag und an Weihnachten ist das

Kartenspiel grundsätzlich verboten. Setzt sich jemand über dieses Verbot hinweg und wagt am Karfreitag trotzdem ein kleines Spielchen und gewinnt auch noch, so ist er solch ein Glückspilz, dass er das ganze Jahr über nicht mehr verlieren wird. Falls er allerdings verliert, so wird ihn sein Schicksal schon einholen.

Denken Sie daran, vor dem Mischen die Karten anzublasen – das bringt Ihnen Glück. Auch die klassische Hasenpfote, so nah wie möglich an der Haut getragen, ist unerlässlich.

Wenn Sie um Geld spielen, sollten Sie als Glücksbringer eine Habichtsklaue bei sich tragen – sie zieht Geld an. Glück soll auch das Herz einer Fledermaus bringen, das an einem roten Faden getragen werden muss. Das Knöchelchen eines Gehängten macht den Spieler unbesiegbar – tragen Sie es in der Geldbörse oder in der Tasche bei sich. Wo Sie so etwas herbekommen? Gegenfrage: Warum spielen Sie um Geld?

Komplizierter ist folgender Glücksbringer herzustellen: Binden Sie sich eine in der Sonne getrocknete Hechtblase um das Handgelenk, auf welche die Worte „Imoi sideon giricion" geschrieben sein müssen. Sie müssen sie zuvor gegen den Mond halten und besprechen, damit sie Zauberkraft hat.

Auch einige fast schon rituelle Handlungen sollen dazu beitragen, dass die Glücksgöttin Fortuna dem Spieler wohl gesonnen ist. Dazu gehört, dass er die Karten einzeln aufnimmt, den Stuhl herumdreht oder auch während des Spiels den Stuhl austauscht, auf dem er sitzt. Vermeiden sollten Sie, während des Spiels Schwarzbrothäppchen zu verspeisen, unter einem Balken oder gar mit dem Rücken zum Mond zu sitzen – unter solchen Umständen kann für die Wirksamkeit selbst der besten Hasenpfote nicht garantiert werden.

... DARAUF EIN GLAS

Verträge, Abmachungen, auch Verlobungen werden mit einem guten Schluck besiegelt – mit Bier, mit Wein oder mit Branntwein, und das auch schon vor Sonnenuntergang.

Gewisse Schicklichkeitsregeln betreffen das Nachschenken. Sie sind kulturell sehr verschieden. In unserem Aberglauben gilt ganz klar: Lassen Sie sich nicht nachschenken, wenn Sie noch etwas Wein im Glas haben: Sieben Jahre keine Liebschaft ist die geringste Folge – unglückliche Liebe, eine andere Konsequenz aus diesem losen Tun, ist auch nicht gerade erstrebenswert, und auch die Gicht können Sie auf diese Weise bekommen. Auch mit Bier soll man sich nicht nachschenken lassen – das bringt unglückliche Liebe. Erst muss das Glas geleert sein.

Vom Branntwein gießen Sie die Neige, die letzten Tropfen des Glases, auf den Boden – als Opfer an die Hausgeister.

Beim gemeinsamen Glas am Abend wollen jedoch weit mehr Aspekte berücksichtigt sein, wollen Sie kein Unglück auf sich laden. Mehr darüber erfahren Sie ab Seite 96.

Schlafen gehen

Die schwierigste Aufgabe am ganzen Tag ist wohl das Zubettgehen. In der Nacht, wenn das Bewusstsein die Kontrolle über unseren Körper und unsere Seele aufgibt, kann so viel geschehen! Damit die Zeit der Geister, der wilden Jagd, der Träume und Albträume an Ihnen tatsächlich spurlos vorüber geht, sollten Sie ausreichende Schutzmaßnahmen ergreifen.

Süße Träume und einen festen Schlaf beschert ein Zweiglein von der Heckenrose. Die Dornen müssen aber dran bleiben, denn sie sind es, die die Albträume abwehren. Am besten ist es also, man hüllt es in Watte und ein schönes Taschentuch ein, in das auch noch Lavendel, Hopfen und ein bisschen Baldrianwurzel hinein gesteckt werden. Vorsicht ist hierbei allerdings Katzenbesitzern angeraten: Der Baldrian lockt Ihre Katzen an, und wenn diese anfangen, im Bett danach zu wühlen, finden Sie sicher keinen Schlaf, und das Traumkissen wird dann zum Muntermacher.

Wenn Sie vor dem Schlafengehen einen Apfel essen, schützt Sie das vor unkeuschen Anfechtungen – angeblich.

Trinken Sie abends vor dem Schlafengehen genug, denn sonst muss Ihre durstige Seele den Körper verlassen, um nach Trinkbarem zu suchen, und könnte sich dabei womöglich verirren.

Prüfen Sie nun sicherheitshalber, ob Ihr Bett richtig steht – es sollte immer entgegengesetzt zu der Richtung stehen, in der ein Toter in diesem Raum aufgebahrt werden würde. Dann löschen Sie das Licht, aber stecken Sie die gelöschten Kerzen nicht kopfunter in den Leuchter, damit Diebe keinen Schlafzauber über Sie verhängen können.

Nun kreuzen Sie zum Schutz vor Albträumen oder Dämonen Ihre Beine, biegen die Daumen ein wie beim Daumenhalten, damit Sie keine himmlische Strafe wegen eines geleisteten Meineids erleiden und vor Albträumen und Hexen sicher sind, und sehen so einer ungestörten Nacht entgegen.

Falls Sie nachts in ein anderes Zimmer gehen müssen, sollten Sie nicht anklopfen – das machen nur die Hexen. Wenn Ihnen das gleichgültig ist und Sie die Intimsphäre der Bewohner des Zimmers, das Sie betreten möchten, wahren wollen, so ehrt Sie das zweifellos. Versuchen Sie es jedoch auch mit der folgenden Variante: Stoßen Sie mit dem Fuß gegen die Tür – Sie müssen sie dabei ja nicht gleich eintreten – Sie können sicher sein, Sie werden willkommen geheißen, denn sicher haben Sie die Hände voller Gaben!

DIE ERSTE NACHT …

Die erste Nacht im neuen Zuhause ist eine ganz besondere Nacht. Sie schlägt gleichsam eine Brücke zwischen Ihrem bisherigen Leben und Ihrer Zukunft. Achten Sie in dieser Nacht daher ganz besonders gut auf Ihre Träume – der Mann, von dem Sie träumen, wird Ihr Zukünftiger. Auch wenn Sie nur in einem neuen Bett schlafen, gilt: Das, was Sie in der ersten Nacht darin träumen, geht in Erfüllung.

Falls Sie übrigens wollen, dass Ihre Träume wahr werden, legen Sie sich doch weißes Heidekraut unters Kopfkissen – allerdings werden dann alle Träume wahr – nicht nur die, die Ihnen besonders erstrebenswert erscheinen.

Gegen Heimweh zählen Sie vor dem ersten Einschlafen die Balken im neuen Zuhause. Wenn Sie darüber einschlafen, umso besser.

Schutz für Ihre Person

Bei alledem brauchen Frauen wie Männer jede Menge persönlichen Schutz, um vor den Gefahren des Lebens sicher zu sein. Es gibt zwei Hauptstrategien, um diesen zu erhalten: Man trägt schützende Gegenstände bei sich – Stichwort Amulett – oder man verhält sich richtig.

Amulette sind ein eigenes Thema. Damit bezeichnet man alle Gegenstände, die sich Menschen zum Schutz vor Unheil um den Hals hängen oder auch in ihrer Wohnung aufstellen. Ein Amulett darf man nicht kaufen. Es muss einem geschenkt werden, damit es wirkt. Oder es muss selbst gesammelt, selbst besprochen, selbst gemacht sein. Früher unterschied man zwischen abergläubischen und medizinischen Amuletten, doch in den Augen unserer Schulmedizin sind auch die zweiteren abergläubisch – was über ihre Wirksamkeit bekanntlich nichts aussagt. Es reicht ja völlig aus, daran zu glauben, dass sie helfen. Wenn Sie sich vorstellen können, warum sie das tun, das heißt nach welchem Prinzip sie helfen, umso besser. Amulette in Herzform helfen beispielsweise gegen den bösen Blick und gegen Verhexung.

Amulette arbeiten oft mit der Macht der Buchstaben. Ein Amulett, das Krankheiten schwinden lässt, ist die Schwindeformel von Abracadabra – Sie finden sie in der Einleitung. Beliebt ist auch die Satorformel, die schon bei den alten Römern Häuser schützte, in deren Fußbodenmosaik sie zitiert war:

SATOR
AREPO
TENET
OPERA
ROTAS

Der Sinn des Textes („Der Sämann Arepo hält mit Mühe die Räder") ist für die Schutzwirkung der Formel bedeutungslos. Die Wirkung beruhte auf der „magischen" Verzahnung der Wörter: Sie können die Formel von links nach rechts, von oben nach unten, von unten nach oben und von rechts nach links lesen. Die Geschlossenheit dieses Buchstabengeflechts beschwört gleichsam die Unangreifbarkeit des von ihm geschützten Hauswesens.

Mächtigen Schutz bietet Ihnen auch eine Adlerklaue, die Sie als Amulett tragen. Und ein Stück Holz von einem Baum, in den der Blitz eingeschlagen hat, verleiht Ihnen Kraft und Stärke, und es kann sogar feindliche Kugeln von Ihnen abhalten. Ein Donnerkeil und ein Dattelkern schützen Sie davor, vom Blitz getroffen zu werden.

Weitere Zutaten für ein ordentlich ausgestattetes Medizinbündel sind Wurzeln und Kräuter, Mineralien oder Halbedelsteine, Maulwurfzähne, Mäuseknochen, Bärenklauen und Bärenfett, ein Fetzen weißes Wieselfell, etwas Baumwolle, ein magisches Messingstück, Brot, Salz, etwas Stahl oder eine Münze. Zu den wirksamen Mineralien gehört der Herrgottstein, den Sie stets bei sich tragen sollten. Das ist ein mit roten Tupfen oder Streifen versehener Quarzkiesel, der Glück bringt, Sie vor dem Hinfallen bewahrt und Ihr Haus auch noch vor Blitzschlag schützt. Auch Alaun schützt Sie vor bösen Geistern (und Ekzemen), wenn Sie es bei sich tragen – und vor Körpergeruch, wenn Sie es als Kristalldeo verwenden. Immergrün, das zwischen dem 15. August und dem 8. September gesammelt wurde, verhindert, dass irgendein Teufel Ihnen etwas anhaben kann, wenn Sie es bei sich tragen.

Gegen den bösen Blick helfen am besten Augenamulette und -talismane. Die bekommen Sie beim Urlaub in der Türkei auf dem Basar. Tipp: Schenken Sie sie einander gegenseitig – Sie dürfen sich selbst ja kein Amulett kaufen. Sie können Augenamulette auch aus getrockneten Tieraugen herstellen – oder malen Sie das Auge Gottes auf ein Blatt Papier.

Auch ein Band ohne Amulett, das Sie um Ihren Hals legen und kunstvoll verknoten, schützt Sie vor allerlei Zauber.

Ein aus einem Hufnagel gefertigter Ring schützt Sie auf Schritt und Tritt, hilft gegen Rheuma, macht Ihnen Ihren Liebsten gewogen und bringt einfach ungemein viel Glück.

Wenn Sie sich ganz bestimmter Dämonen und Plagegeister erwehren müssen, gibt es einen ausgezeichneten Tipp: Stellen Sie ihnen eine unlösbare Aufgabe. Lassen Sie den Teufel schwarze Wolle weiß waschen oder ein krauses Haar glatt klopfen. Lassen Sie ihn aus Sand einen Strick drehen. Lassen Sie ihn den Namen Gottes aussprechen oder in ein Schwein hineinfahren – dies kann er nämlich nicht ohne die Erlaubnis Gottes tun. Sicherheitshalber sollten Sie dabei ein wenig Baldrian im Schuh tragen – er verhindert mit seiner Energie, dass der Teufel Macht über Sie bekommt.

Ein verbreitetes und angeblich höchst wirksames Zaubermittel gegen den bösen Blick und zum Vertreiben von bösen Geistern ist, ihnen den nackten Hintern zu zeigen. Auch das dreimal hintereinander gesprochene „Leck mich am Arsch" hat eine jahrhundertelange Tradition und schützt den Unflätigen davor, verschrien zu werden. Ab und zu einmal ruhig ordinär und ordentlich zu fluchen ist prinzipiell nützlich, weil alles Böse um Sie herum dadurch das Fürchten lernt und die Flucht ergreift. Sie sollten sich vorher aber vergewissern, dass kein geliebtes Wesen Sie unvorbereitet hören kann, sonst nimmt dieses gleich mit Reißaus.

Zum Schutz vor einem bestimmten Unheil, das möglicherweise auf Sie zukommen könnte, hilft es seit römischer Zeit, die Daumen zu drücken – probieren Sie es nur aus.

In den eigenen vier Wänden

Ihr Zuhause ist ein Ort, an dem Sie sich rundum wohl fühlen, den Sie gestalten und prägen sollten – im Idealfall. In der Praxis gehen Sie wahrscheinlich jede Menge Kompromisse ein: Im Flur liegt der Teppich von Tante Lotte, an der Wand steht der Sekretär vom Großvater, im Regal die Bücher von Onkel Ernst, und das Bild über dem Sofa mögen Sie zwar auch nicht so besonders, doch Ihr Mann hat es von seiner Mutter geerbt und möchte es in Ehren halten. All diese Gegenstände tragen die Energie ihrer Herkunft in Ihre Wohnung.

Wenn Sie nun noch in einem Haus wohnen, das eine Geschichte hat – sei es, dass hier bereits Ihre Mutter geboren wurde, sei es, dass hier einst ein Mord geschah, sei es, dass in Ihrem Schlafzimmer traditionell die Toten aufgebahrt wurden, kommen noch viele weitere Fremdenergien zum Tragen, die Ihnen Ihr Leben schwer machen können – oder auch nicht, je nachdem, wie Sie damit umgehen. Im schlimmsten Fall haben Sie es mit Poltergeistern zu tun.

Im Haus, in der Wohnung, in Ihren eigenen vier Wänden gibt es viele Ereignisse, die plötzlich, ohne irgendein Vorzeichen und ohne erkennbare Ursache eintreten können. Sie sind Vorzeichen mit prophetischem Charakter.

Wenn plötzlich ein Bild von der Wand fällt, verkündet das den Tod des darauf Dargestellten oder doch zumindest irgendein Unglück. Wenn ein Spiegel zerspringt oder von der Wand fällt, bedeutet das einen Todesfall in Ihrer Familie oder noch drei Todesfälle in der gleichen Straße in diesem Jahr, oder für Sie selbst sieben Jahre Unglück. Das Gleiche gilt, wenn ein Stein vom Dach fällt oder ein Rabe auf dem Dach sitzt, der eifrig krächzt. Auch wenn Ihnen im Haus plötzlich schwarze Ameisen begegnen, steht ein Todesfall bevor.

Klirren die Gläser im Schrank oder auf dem Tisch, dann wohnen Sie entweder an einer dicht befahrenen Straße oder Bahnstrecke – dann haben Sie sich an dieses Vorkommnis vermutlich schon gewöhnt und sollten es auch nicht weiter ernst nehmen – oder Sie sind tatsächlich überrascht, weil Sie keine Erklärung für die Ursache finden. In letzterem Fall ist das Klirren ein Omen. Nun heißt es, genau hinzusehen, was da eigentlich ins Schwingen geraten ist: War es das gute Geschirr im Wohnzimmerschrank, so kündigt sich ein Todesfall in der Familie an; haben dagegen die Kaffeetassen geklirrt, so steht eine Taufe bevor.

Achten Sie auch einmal auf das Verhalten Ihrer Katze. Wenn sie sich putzt, kommt sicher bald Besuch. Wäscht sie sich allerdings hinter den Ohren, so kommt ein Brief. Das Gleiche ist der Fall, wenn die Lampe flackert.

Schutz für Ihr Heim

My home is my castle – und das heißt, es bietet Ihnen Schutz vor der gefährlichen Welt da draußen und allen Geistern und Dämonen, die Sie verfolgen mögen. Auch Hexen und die wilde Jagd haben über Sie keine Macht mehr, wenn Sie bei sich zu Hause sind (lesen Sie diese Formulierung ruhig im doppelten Sinn). Damit das auch so bleibt, könnten Ihnen ein paar Schutzmaßnahmen helfen.

Beim Neubau

Der richtige Baugrund für das neue Heim ist bereits von enormer Wichtigkeit. Hier sollten Sie sich aber nicht nur nach den üblichen Kriterien wie Lärm, Verkehrsanbindungen, Aussicht, Einkaufsmöglichkeiten etc. entscheiden, denn darüber hinaus gibt es einiges mehr von vielleicht größerer Bedeutung. Verboten ist nicht nur in der Welt des Aberglaubens, sondern unter anderem auch nach den Regeln des Feng Shui, der Hausbau an manchen Wegstrecken, an einer Gemeinde-grenze, in einem Weizen- oder Roggenfeld oder über einem Brunnen. An einer ehemaligen Brandstätte sollte man unter keinen Umständen wieder bauen. Auch ein abgebranntes Haus soll nicht an derselben Stelle wieder aufgebaut werden – der Hinweis, dass diese Stelle schlecht gewählt war, war doch bereits deutlich genug.

Haben Sie die ideale Stelle endlich gefunden – zusätzlich muss natürlich auch Ihr Herz einverstanden sein und zum Zeichen seiner Zustimmung vor Freude hüpfen –, ist aber noch lange nicht alles erledigt.

Optimal ist es, wenn Sie gleich bei der Errichtung Ihres Hauses für ein Bauopfer sorgen. Es muss ja nicht gleich ein ungetauftes, uneheliches oder bettelndes Kind sein, und auch einen zum Tode Verurteilten, der sich in einer Zelle neben dem Eingang freiwillig lebendig einmauern lässt, werden Sie heutzutage wohl vergeblich suchen. Alternativ dazu muss in das Fundament ein Wacholderstrauch, der vor bösen Geis-tern schützt, und das eine oder andere Tier, ein Ei oder eine Bibel. Traditionell üblich als Opfer an die Geister sind Nah-rungsmittel – hier werden vor allem Eier und Getreide emp-fohlen –, mittlerweile ist aber auch Barzahlung möglich. Münzen eignen sich besonders gut, denn sie sind aus Metall, und das ist unheilabwehrend.

Den Grundstein muss der Bauherr eigenhändig legen – am besten ist es, er tut es gemeinsam mit der Baufrau – und dabei ein rauschendes Fest für die Bauleute geben.

Keinesfalls sollte man mit dem Hausbau an einem Montag beginnen, denn Montagarbeit gedeiht nicht.

Um das Haus besonders haltbar zu machen, mischen Sie etwas Wein und süße Milch in den Mörtel.

Der Richtbaum oder Richtkranz wird wieder im Rahmen eines großen Festes angebracht, bei dem alle Nachbarn einge-laden werden müssen, die am Bau geholfen haben. Es muss sehr laut und fröhlich dabei zugehen, dann bringt es dem

Haus und seinen Bewohnern Glück. Vor Feuer schützen Sie das Haus bereits beim Richtfest, wenn Sie verschiedene Gegenstände über das Dach werfen – vorzugsweise das Ei einer schwarzen Henne.

Nach einem alten Glauben muss der Erste, der ein Haus betritt, sterben – darum sollte man entweder einem lästigen Nachbarn die Ehre der Erstbesichtigung zukommen lassen oder ein Tier über die Schwelle jagen. Früher nahm man Hühner, aber ein Floh tut es wohl auch und ist für die meisten von uns wohl leichter zu verschmerzen.

Der Einzug darf nur bei zunehmendem Mond erfolgen, und bevor das Mobiliar hereingetragen wird, müssen erst, in dieser Reihenfolge, Brot und Salz, ein Kreuz, eine Münze und dann ein Gesangbuch ins Haus gebracht worden sein. Auch wenn Sie auf Kreuz und Gesangbuch keinen besonderen Wert legen: Achten Sie darauf, dass Sie nicht gerade den Putzeimer als Erstes in die neue Wohnung tragen. Sie wollen doch nicht, dass er Ihr Leben im neuen Zuhause prägt?

Die erste Handlung in der neuen Wohnung sollte übrigens das Einnehmen einer gemeinsamen Mahlzeit sein, als Symbol für viele weitere Mahlzeiten und damit letztlich als Beschwörung künftigen Wohlstands und Familienglücks.

BEIM EINZUG

Beziehen Sie ein bereits erbautes Haus, so sollten Sie die Gaben, die Sie ansonsten als Bauopfer unter das Fundament gegeben hätten, im Gebälk des Dachstuhls deponieren. In diesem Fall sollten Sie überhaupt sehr ehrerbietig gegenüber den Hausgeistern sein – sie waren schließlich vor Ihnen da und haben ältere Rechte. Damit sie Sie, die neuen Bewohner, nicht als unerwünschte Eindringlinge empfinden, sollten Sie erst anklopfen und sich höflich vorstellen, ehe Sie das Haus betreten. Da Sie den Geistern fortan Platz wegnehmen, freuen sie sich sicher auch über ein kleines, buntes, selbst gebautes Geisterhäuschen, vor das immer mal wieder kleine Aufmerksamkeiten gelegt werden sollten. Auch Geister mögen Süßes! Auf keinen Fall aber sollte man ihnen Kleidungsstücke geben, denn dann betrachten sie sich als entlohnt und gehen mit dem neuen Rock auf Wanderschaft. Sicherheitshalber erklärt man ihnen jedes Mal den Grund für die Beschenkung, beispielsweise, dass sie so gute Dienste leisten oder dass man sie furchtbar gern hat. So besänftigt, werden aus ihnen sicher wunderbare und äußerst zuverlässige Schutzgeister, an denen Sie viel Freude haben.

REGELMÄSSIGE SCHUTZMASSNAHMEN

Als Rundumschutz sollten Sie Ihr Haus immer wieder einmal umschreiten und so einen magischen Sicherheitskreis darum ziehen. Als Großgrundbesitzer dürfen Sie Ihre Felder auch umreiten oder mit dem Fahrrad umfahren. Sie legen damit einen Bann um Ihre Wohnstätte und verhindern, dass Geister und andere Unholde in diesen heiligen Ort eindringen können. Es ist aber auch erlaubt, einen Kreidekreis zu ziehen, ein rotes Band zu spannen oder die Grenze schlicht umzupflügen, wie es Romulus machte, um die Stadtgrenze für die von ihm gegründete Stadt Rom zu ziehen. Letzteres ist auch deshalb eine schöne Variante, weil Sie in die so vorbereitete Erde Blumensamen säen und einen vielleicht bereits vorhandenen Zaun mit diesen Blumen überwuchern lassen können. Diese Grenze lädt dann weniger zum Übersteigen ein als ein Zaun. Wenn Sie sich bedroht fühlen, pflanzen Sie Heckenrosen – Sie wissen ja, wie lange Dornröschen sicher und unbehelligt hinter der Rosenhecke schlief.

In den zwölf Nächten zwischen Weihnachten und Dreikönig sollten Sie Ihr Haus verschlossen halten, es braucht diese Zeit, um seine Schutzkraft zu regenerieren. In diesen Nächten sollte das Haus intensiv geräuchert und gesegnet werden – das kann ein Priester tun oder auch der/die Hausherr/in selbst. Salbei tut hier gute Dienste, aber auch Wacholder und Rosmarin. Holen Sie sich grüne Zweige zu Weihnachten und

Neujahr ins Haus – sie vertreiben allerlei Übel und laden Glück und Segen zum Verweilen ein.

Im Frühling sollten Sie vor Tagesanbruch Immergrün sammeln, im Haus zu Kränzen flechten und aufhängen. Es gilt als Besieger der Mächte der Finsternis und schützt daher das Haus vor bösen Geistern und vor Zauberkrankheiten.

Einen ausgezeichneten Rundumschutz bietet ein Agnus-Dei-Amulett – das Lamm Gottes mit der Fahne schützt Sie und Ihr Heim gegen sichtbare und unsichtbare Feinde, gegen Ungeziefer, Hagel und Donnerschlag, Brand und Hochwasser. Vor Feuer schützt übrigens auch eine Adlerkralle.

Eine ähnlich umfassende Wirkung wie das Agnus-Dei-Amulett hat auch das Pentagramm. Es muss aber gleichmäßig und in einem Zug ohne Absetzen gezogen sein. Dabei darf nicht etwa eine Spitze offen bleiben, sonst geht es Ihnen wie Faust, der unverhofft doch Besuch vom „Geist, der stets verneint" erhielt. Das Pentagramm wirkt in so einem Fall für die Geister, vor denen es schützen soll, wie eine Falle, denn wie bei Goethe nachzulesen, konnte sich der Höllenfürst nur mit Hilfe eines Nagetieres befreien, das auch auf der anderen Seite für eine offene Spitze sorgte. – Sorgfalt beim Zeichnen des Pentagramms ist also unbedingt nötig.

Der wirksamste und zugleich schrecklichste Schutz, mit dem Sie Ihr Haus vor jedwedem Unheil bewahren können, ist ein Fingerknöchel eines Gehängten, der unter der Türschwelle begraben wird. Da gruselt es selbst die bösen Geister – wahrscheinlich aber auch alle lieben Gäste. Da Sie hoffentlich die Todesstrafe ablehnen und es zudem auch recht schwierig sein dürfte, an die Gebeine eines solcherart ums Leben Gekommenen zu gelangen, ist es besser, wenn Sie sich mit dem Geweih eines Hirsches oder mit Büffelhörnern über der Tür zufrieden geben, die Sie ebenfalls recht ordentlich vor Unheil schützen können.

Einen besonders hübschen Schutz vor Geistern bewirkt das Aufhängen von Seidenschals, am besten weißen, und filigranen Kettchen und Fäden an den Bäumen vor dem Haus. Diese sehen nicht nur zauberhaft aus, sondern schützen das Haus auch vor bösen Geistern. Wenn Sie an diesen Kettchen und Fäden zusätzlich Glöckchen anbinden, stimmen Sie den antiken griechischen Gott der Winde, Äolus, freundlich und bewahren so gleichzeitig Ihr Haus vor Sturmschäden.

Schutz für alle Fälle: Der Palm

Am Palmsonntag geht man mit einem Sträußlein immergrüner Zweige, in dem je nach Gegend neben Buchsbaum, Tannen- oder Fichtenzweigen und Palmkätzchen auch blühende Birkenzweige oder blühende Haselnusszweige stecken, in die Kirche und lässt sie weihen. Dieses Sträußlein ist der Palm. Sie sollten nach dem Gottesdienst gut auf ihn aufpassen und ihn sicher nach Hause tragen. Er schützt Ihr Haus vor Blitzschlag und Sie vor allerlei Krankheiten.

Zum Schutz vor Fieber, Halsweh oder Rheuma schluckt man auf nüchternen Magen und ohne vorher zu sprechen drei Kätzchen aus dem Palm herunter. Man kann mit dem Palm über seine Warzen streichen – dann verschwinden sie zuverlässig. Und selbst als Orakel dient der Palm: Backen Sie einfach drei Palmkätzchen in einem Brötchen ein – wenn Sie hinterher noch hell sind, ist alles in bester Ordnung; sind sie braun, bedeutet das Krankheit; sind sie gar schwarz, steht ein Todesfall ins Haus.

Ein Hufeisen für jedes Haus

Der Glücksbringer schlechthin ist das Hufeisen, und wie stark der Glaube an seine Wirksamkeit ist, wird durch seine auch heute noch fast ungeminderte Präsenz bezeugt.

Allerdings müssen Sie das Hufeisen finden, ohne danach gesucht zu haben. Bewahren Sie es nicht einfach im Haus auf, sondern bringen Sie es an der Tür oder der Schwelle an – am besten in der Johannisnacht oder am Karsamstag. Auch die Silvesternacht wäre dafür eigentlich ein guter Zeitpunkt, aber in dieser Nacht dürfen Sie nicht hämmern. Sie können allerdings die Nägel schon vorher einschlagen und dann an Silvester das Eisen nur noch daran hängen.

Stecken noch drei Hufnägel im Eisen, wenn Sie es finden, so bedeutet das besonderes Glück; Sie sollten sich also nicht mit dem erstbesten Hufeisen zufrieden geben, über das Sie stolpern.

Hufeisen sollen vor allem Eheglück, Nahrung und Gewinn bringen; sie helfen darüber hinaus auch noch gegen Krankheiten, Unwetter, Feuersbrunst und Butterdiebstahl durch Hexen (vielleicht sollten Sie also ein zweites Eisen direkt an den Kühlschrank hängen?!).

Vom Glücksklee

Das Kleeblatt, neben dem Hufeisen der wohl berühmteste Glücksbringer, hat seinen Ruhm wirklich verdient.

Um tatsächlich halten zu können, was es verspricht, muss es selbstverständlich vierblättrig und ein Geschenk sein, es darf nicht gesucht, sondern muss zufällig gefunden werden. Sind diese Bedingungen erfüllt, schützt es seinen Besitzer vor Zauber und Hexen und macht ihn hellsichtig. Das bedeutet, er ist fortan in der Lage, das wahre Wesen einer Sache oder einer Person zu erkennen. Wirklich unschlagbar und hilfreich gegen fast alles wird es aber erst, wenn drei Messen darüber gelesen wurden, das heißt, wenn es unter das Altartuch geschmuggelt werden konnte und dort drei Messen lang unbemerkt liegen geblieben ist.

Blitzschutz einmal anders

Besondere Gefahren für ein Haus sind immer die bösen Hexen und der Blitz. Gegen beide hilft es, Zapfen aus Ahornholz in die Astlöcher von Türen und Schwellen einzuschlagen. Sie verhindern, dass Hexen eintreten und der Blitz einschlägt.

Natürlich können Sie auch einen Blitzableiter auf Ihrem Dach anbringen lassen und darauf hoffen, dass die Feuersgefahr vom Himmel damit gebannt ist. Doch wer weiß, ob das wirklich reicht? Sicherer gehen Sie, wenn Sie selbst zusätzlich aktiv werden. Sie werden sich wundern, wie vielfältig Ihr Handlungsspielraum hier ist.

Männertreu und Bärlauch ziehen den Blitz an. Diese Pflanzen sollten Sie also nicht ins Haus tragen, wenn Sie jedes Risiko ausschließen wollen. Den Palm hingegen sollten Sie sich als natürlichen Blitzschutz nicht entgehen lassen.

Wenn Sie eine Sense oder eine Egge mit nach oben gerichteten Zinken in der Nähe des Hauses aufstellen, den Weihkessel auf den Misthaufen legen oder einen Ammoniten in die Hauswand einmauern, schützt das vor Blitzschlag. Ebenfalls vor dem Blitzschlag schützt es, wenn Sie am Johannistag eine Arnikablüte pflücken (Arnika steht allerdings unter Naturschutz – pflücken Sie sie vielleicht in Nachbars Garten), unter Ihr Dach legen oder am Dachbalken oder in der Stube aufhängen.

Sollten Sie das Glück haben, dass sich Hauswurz auf Ihrem Dach angesiedelt hat und sich ausbreitet, lassen Sie sie oben. Sie ist ein wirksamer Blitz- und Feuerschutz. Auch wenn sich Ehrenpreis in der Nähe Ihres Hauses ansiedelt, können Sie sich freuen: Als Gewitterblume schützt es Ihr Haus vor Blitzschlag.

Optimalen Blitzschutz für Ihr Haus bedeutet es auch, wenn ein Storchenpaar auf dem Rauchfang nistet. Hier können Sie ein wenig nachhelfen: Störche sind faul – das heißt, wenn Sie ein Wagenrad aufs Dach legen, laden Sie sie zum Nisten ein. Wenn der Sturm das Nest vom Dach weht, sorgen Sie dafür, dass es vor der Ankunft der Störche im nächsten Frühjahr wieder oben ist. Die Chancen, dass die Störche wieder bei Ihnen nisten, steigen dadurch ganz erheblich.

Ähnlich wie Storchennester wirken auch Schwalbennester. Und vergessen Sie nicht, im Winter die Amseln zu füttern – ein Haus, das unter ihrem Schutz steht, ist vor Blitzschlag gefeit, sie bringen Glück und verhindern Fieber.

Ein paar einfache Schutzvorkehrungen gegen Blitzschlag, die Sie selbst treffen können, sind diese:

Wickeln Sie ein Ei in einen Lappen und nageln Sie es über die Haustür. Achten Sie ferner darauf, an welchem Tag das erste Gewitter des Jahres herniedergeht. Den Namen des Tages (also „Gertrud" oder „Karfreitag") sollten Sie mit Kreide an die Hauswand schreiben, um das ganze übrige Jahr vor Blitzschaden geschützt zu sein.

Auch Ziegenhörner, die Sie am Giebel befestigen, sind ein guter Blitzableiter. Ebenfalls gut gegen Blitzschlag ist der Kopf eines Hechtes, den Sie auf ein Brettchen montiert an der Wand des Hauses anbringen. Er hält auch noch anderes Unglück fern. Werfen Sie ihn also nicht weg, wenn Sie das nächste Mal Hechtsuppe kochen. Angeblich kann auch in ein Wasser, in dem der Hecht steht, kein Blitz einschlagen.

Sollte Ihnen eine dreifarbige Katze zulaufen, vertreiben Sie sie nicht. Auch sie schützt Ihr Haus vor Blitzschlag – und vielleicht sogar vor Mäusen.

Sollte der Blitz trotz aller Vorsichtsmaßnahmen doch eingeschlagen haben, so haben Sie ein ernstes Problem: Blitzfeuer lässt sich nicht mit Wasser löschen. Um den Donnergott zu besänftigen, sollten Sie es mit Bier versuchen oder mit Blut oder Salz, notfalls auch mit Jauche oder saurer Milch – an der haben Sie nach einem ordentlichen Gewitter ja vermutlich keinen Mangel.

Eine andere große Gefahr ist der Hagel. Damit er bei Ihnen nicht zu viel Schaden anrichtet, breiten Sie bei heraufziehendem Gewitter vorsichtshalber ein Tischtuch über den Misthaufen.

Sind Sie unterwegs, so sollten Sie zum Schutz vor Hagel bei schwülem Wetter ein Kräutersträußchen aus schwarzem Bilsenkraut, Johanniskraut, Hauswurz und Brennnesseln bei sich tragen. Um die Hagelhexe fern zu halten, hilft auch stürmisches Glockengeläut. Hat sie sich aber schon ausgetobt – ist Ihnen die Petersilie also bereits verhagelt worden –, bleibt

nichts mehr zu tun, als die Hagelkörner im Ofen zu verbrennen und damit der Hexe das Gleiche widerfahren zu lassen,
wodurch sie zumindest an neuen Angriffen gehindert wird.
Oft lässt sie sich jedoch auch schon durch dargebrachte Na-
turalien wie Brot oder Getreide versöhnlich stimmen.

Es gibt auch einen natürlichen Brandmelder: das Eichhörnchen. Wenn es über Ihr Dach läuft, müssen Sie mit einem
Feuer rechnen. Sein feuerroter, buschiger Schweif und sein
blitzartiges Erscheinen und Verschwinden sind wie eine Vor-
ankündigung eines echten Feuers.

SCHUTZ VOR MÄUSEN UND ANDEREM GETIER

Zuverlässig vor Mäusen schützt, wenn Sie am Christinentag
(24. Juli) Attich (Zwergholunder) ausgraben und in alle Winkel des Hauses hängen. Der widerlich süßliche Geruch der
Pflanze sagt den Nagern angeblich überhaupt nicht zu. Sie
selbst könnten dann ja zunächst einmal Ihren Jahresurlaub
antreten …

Vor Schlangen bewahrt Ihr Haus ein Sträußchen Ziest *(Betonica officinalis)* – so wussten schon Plinius und Dioskurides
zu berichten. Da er auch in Klostergärten angepflanzt wurde,
heißt der Ziest auch Pfaffenblume. Auch Klöster bedurften
offenbar eines gewissen unheilabwehrenden Schutzes …

DER BÖSE FEIND SCHLECHTHIN: DIE HEXE

Wer Hexen waren und warum man sie verbrannte, wurde erst
in jüngerer Zeit Thema vieler historischer Untersuchungen.
Auf einen gemeinsamen Nenner lässt sich das Phänomen der
Hexenverbrennung der Renaissance dadurch nicht bringen.

Als Hexen galten vor allem böse oder verbitterte alte Frau-
en, weil sie die Jüngeren ans Alter und den Tod erinnerten. Da
sie (ohne Gebiss) oft unverständliche Dinge vor sich her mur-
melten, fürchtete man sie und hielt sie für unheilbringend.
Auch von Frauen, die selbstständig waren, allein lebten oder
sonstwie auffielen, ging offenbar besondere Gefahr aus.

Die rechtliche Grundlage der Hexenverfolgung war das 1487 erstmals erschienene Buch *Malleus maleficarum*, zu Deutsch *Der Hexenhammer* der Jesuiten Jacob Sprenger und Heinrich Institoris (von denen einer später wegen der Veruntreuung von Ablassgeldern vor Gericht gestellt wurde). *Der Hexenhammer* wurde erst 1906 ins Deutsche übersetzt – also einige Zeit nach der Verbrennung der letzten Hexe im deutschsprachigen Raum. Bis dahin hatte keine Frau eine reelle Chance, sich zu informieren, gegen welche Vorschriften sie überhaupt verstoßen konnte.

Ein durchgehender Vorwurf war der Pakt mit den Dämonen. Deren Anführer war der Teufel – eigentlich ein gefallener Engel. Zu den Dämonen gehörten auch sämtliche Krankheitserreger. Wer mit ihnen im Pakt war, hatte die Macht, Krankheiten verschwinden zu lassen – oder auch nicht. Mit den Hexen wurden also zugleich die heilkundigen, weisen Frauen beseitigt, die den Frauen bei der Familienplanung halfen, als Hebammen arbeiteten und die den Tod nicht als das schreckliche Ende ansahen, als den ihn die Kirche hinstellte, um die Menschen mit der Angst vor der Hölle zu erpressen und zur Zahlung von Ablassgeldern zu drängen.

Da das eingezogene Vermögen der Hexen den Richtern zufiel und der Tod einer alten Frau die Gemeinschaft von einem scheinbar unnützen Esser befreite, vor dem sich überdies die kleinen Kinder fürchteten, gab es verschiedene Motive, bestimmte Frauen als Hexen zu denunzieren und zu beseitigen. Bereits im 16. Jahrhundert sprachen sich einzelne Gelehrte gegen den Unsinn der Hexenverfolgung aus – doch lange Zeit ohne jeden Erfolg.

Zur Hexenabwehr

Hexen sind wild auf die Milch und die Butter in Ihrem Haushalt und sie bedrohen die Gesundheit von Mensch und Tier.

Vor Hexen und bösem Zauber schützt ein Sträußchen Dost (Wilder Majoran, *Origanum vulgare,* im Volksmund auch Wohlgemut genannt), aber auch Baldrian ganz vorzüglich – diese Kräuter hängen Sie am Dachbalken auf. Wenn Sie das Aroma von Bärlauch schätzen und genügend andere Blitzschutzmittel um Ihr Heim angebracht haben, so könnten Sie Bärlauch in die Sofakissen stopfen oder ein Kränzchen daraus frei schwebend über die Stubentür hängen. Wenn eine Hexe hereinkommt, hängt es plötzlich ganz still.

Eibenzweige hindern Hexen und Zwerge am Betreten Ihres Hauses. Stecken Sie sie kreuzweise in Blumentöpfe, die Sie in Küche, Keller oder der guten Stube aufstellen. Vor Hexen schützt auch das Einschlagen von Birkenpflöcken in die Erde rings ums Haus.

Wenn Sie eine Egge an die Stalltür lehnen, sodass die Zinken dem Ankommenden entgegen weisen, ist das ein sehr handfester Schutz vor Hexen. Wenn von Ihrer Egge einzelne Zähne abbrechen, heben Sie sie gut auf: Glühende Eggenzähne können Ihr Vieh sogar wieder enthexen.

Wenn Sie all diese Vorkehrungen vergessen haben (oder gar darüber gelacht haben), kann es Ihnen passieren, dass in Ihrem Garten eines schönen Tages eine fremde Person steht, vor der die Eidechsen nicht etwa flüchten, sondern der sie über die Schultern laufen. Das ist dann eine Hexe. Jetzt können Sie nur hoffen, dass Ihre Schwiegermutter auf Nummer sicher gegangen ist und Birken- oder Eichenreisig an Ihrer Stalltür befestigt hat. Die Hexe muss die kleinen Blätter daran zählen – und bis sie damit fertig ist, wird sie längst vergessen haben, weshalb sie eigentlich zu Ihnen gekommen ist. Auch Hirse- oder Salzkörner vor der Stalltür würden die Hexe wirksam aufhalten – sie ist dann bis zum ersten Hahnenschrei mit dem Zählen der Körner beschäftigt.

Während sie noch zählt, können Sie sie mit Dornen peitschen, falls Sie das für zielführend halten, oder mit Peitschenknallen oder sonstigem Lärm vertreiben. Mehr Spaß haben Sie aber, wenn Sie sie auf eine Tasse Tee einladen und sich von ihr Geschichten aus ihrem langen Leben erzählen lassen.

Schutz vor Langfingern

Sind Ihre Feinde handfesterer Natur, so versuchen Sie es mit Bannen.

Bei Obstdieben hilft es, wenn man sie bewegungsunfähig macht, indem man das Vaterunser rückwärts aufsagt. Allerdings sollten Sie sie vor Sonnenaufgang aus ihrer peinlichen Lage befreien, da sie ansonsten beim ersten Sonnenstrahl zu Asche zerfallen. Und das wollen Sie doch sicher nicht?

Auch spezielle Diebssegen sind hilfreich. Damit wünschen Sie dem Dieb Rückenschmerzen oder Durchfall an, die erst weichen sollen, wenn er das gestohlene Gut zurückgibt.

Wenn Sie die Erde, über die der Dieb gelaufen ist, mit einem Sargnagel umgraben, schmerzen ihm die Füße so sehr, dass er seine Beute freiwillig zurückbringt. Oder schlagen Sie den Nagel eines Hufeisens in die Wand. Er wird dem Dieb so lange Schmerzen bereiten, bis er das Gestohlene zurückgibt.

Wenn Sie die Flucht des Diebes über die Grenze Ihres Landes hinaus verhindern wollen, reicht es auch aus, wenn Sie Ihren Esstisch herumdrehen – nicht im Kreis, sondern so, dass er mit den Beinen nach oben zeigt.

Wenn Sie allerdings nicht genau wissen, wer der Dieb war, der Sie bestohlen hat, dann legen Sie in der Nacht etwas Kraut der Wegwarte *(Cichorium intybus)* unter Ihr Kopfkissen – Sie werden in der folgenden Nacht sicher von ihm träumen. Sind Sie weiterhin im Zweifel, so legen Sie einfach ein Immergrünblatt im Namen des Verdächtigen in eine heiße Pfanne. Ist er tatsächlich schuldig, wird das Blatt aus der Pfanne springen.

Besonders wirksam werden Ihre Banne mit dem Schutz der Kirche: Schreiben Sie sie in ein eigenes Bannbüchlein, und sorgen Sie dafür, dass ein Priester seine allererste Messe, seine Primiz, darüber liest, ohne es zu merken. Vergessen Sie nicht, den einen oder anderen Bibelspruch in Ihr Bannbüchlein aufzunehmen – sie sind ungemein wirksam, vor allem dann, wenn sie in lateinischer Sprache geschrieben sind. Sie kennen das sicher: Je unverständlicher ein Text ist, desto beeindruckter sind manchmal die Zuhörer. Bei bösen Geistern ist das nicht anders.

Der Haussegen, von dem wir ja heute noch sagen, dass er dann und wann schief hängt, war früher ein schriftlicher Schutzbrief, der an die Wand geklebt oder gehängt wurde. Sie können als Haussegen auch selbst ein Segensbild oder Gedicht anfertigen, einen Wandteppich aufhängen oder ähnliches. Er wird Sie vor Diebstahl schützen, Geburten erleichtern und Sterbenden Frieden geben.

Das Feuer im Herd

Der Herd und das Feuer in ihm wurden stets besonders geund verehrt. Der Herd bildet zumindest im übertragenen Sinne den Mittelpunkt des Hauses. Früher stand er oft auch frei im Raum, sodass die Hausfrau von ihm aus das Treiben im Haus überblicken konnte. Er spendet Wärme und heiße Suppen und der Hausgeist hat am Herd seine Wohnung. Auch in Zeiten der Elektroherde und der Zentralheizung hat der Herd seine anheimelnde Kraft nicht völlig eingebüßt – wer kennt nicht das wohlige Gefühl, das einen beglückt, wenn man an einem feuchtklammen Herbsttag nach Hause kommt und einen Wasserkessel auf die Flamme stellt, um sich einen Tee zuzubereiten? Falls Sie noch einen richtigen Ofen haben:

Das Feuer im Herd soll möglichst immer brennen. Ganz besonders wichtig ist es aber, dass es in der Christnacht nicht erlischt. In der Osternacht hingegen soll es mit dem Karsamstagfeuer aufs Neue entfacht werden.

Die Herdasche ist heilig und tabu, und der Herd sollte immer gewissenhaft von ihr befreit werden, sonst riskiert die säumige Hausfrau eine Ohrfeige vom Hausgeist. Die Asche vom Karfreitag, von Ostern, von Weihnachten und Neujahr sollten Sie nicht wegwerfen – sie ist ein wertvolles Mittel gegen Schädlinge auf Ihren Pflanzen.

Die Seelentiere (Maus, Katze, Schlange), die sich gerne in der Nähe des Herdes aufhalten, freuen sich über kleine Opfergaben wie beispielsweise ein Schälchen Milch. Stellen Sie sie ihnen dann und wann hinter den Herd. Finden Sie am Herd eine Grille, dürfen Sie sie auf keinen Fall töten; sie könnte sich mit Unglück für das ganze Haus rächen. Klopft, knistert und kracht es im Ofen, so sind Geister zu erwarten.

Das Herdfeuer darf man niemals mit dem Holz der Alpenrose anzünden, denn sonst verbrennt alles im Haus.

Wenn das Feuer im Herd besonders laut prasselt, kommt bald Besuch.

Pflanzen in Haus und Garten

Wie Sie mit Ihren Zimmerpflanzen umgehen, ist keineswegs gleichgültig. Manche Menschen merken daran, welche Kakteen bei ihnen blühen, wie schlecht es ihnen selbst geht – so schlecht, dass sie ihre Kakteen nicht gießen, sodass diese vor lauter Hunger eine Blüte ausbilden. Natürlich finden Sie jede Menge Tipps für den Umgang mit Pflanzen im Mondkalender – Rückschnitt bei Neumond, Düngen bei zunehmendem Mond, Gießen an Wassertagen und keineswegs an Lufttagen – doch auch der Aberglaube hat hier noch einiges beizutragen.

Zimmerpflanzen haben es in sich. Manche reinigen die Luft von Zigarettenrauch, viele sind ausgezeichnete Luftbefeuchter und sollten daher im Winter in keinem geheizten Zimmer fehlen (reichlich gießen nicht vergessen!). Andere sollten Sie besser nicht im Zimmer halten, allen voran den Efeu. Als Zimmerpflanze holt er bestenfalls Insekten ins Haus, bringt aber wahrscheinlicher Ehestreit und Unglück, wenn nicht sogar den Tod. Wenn Sie allerdings nicht wollen, dass Ihre Tochter jemals heiratet, halten Sie Efeu im Haus. Auch von Myrten heißt es: „Wer Myrten hegt, sie niemals trägt" – wenn Sie sich mit Heiratsabsichten tragen, schenken Sie Ihre Myrte Ihrer verwitweten Großtante.

Die Hortensie sollten Sie, so Sie verheiratet sind, auf keinen Fall in Töpfen im Haus halten. Wenn überhaupt, dann pflanzen Sie sie nur sehr vereinzelt und sehr weit vom Haus entfernt in den Garten. Hortensien gelten als Unglücksstifterinnen und bringen Unfrieden in die Ehe.

Um Ihre Zimmerpflanzen zurückzuschneiden, ist der Dezember der richtige Monat. Sie werden dann besonders üppig wieder austreiben.

Liebesbekundungen fördern nachgewiesenermaßen das Wachstum Ihrer Zimmerpflanzen. Es muss aber nicht immer gleich eine körperliche Zuwendung sein – ein Schilfgras zum Beispiel könnte einer herzlichen menschlichen Umarmung nicht gewachsen sein. Heben Sie sich Umarmungen für Obstbäume auf. Bei Zimmerpflanzen wirken auch freundliche Worte oft Wunder.

Hornasche, falls sie bei Ihnen jemals anfällt, sollten Sie aufbewahren. Sie lässt Pflanzen gedeihen und ist zudem ein wirksames Schutzmittel gegen Unheil.

Mehr als eine Grünanlage: Ihr Garten

Die Bepflanzung Ihres Gartens sollten Sie nicht einfach ungefragt einem Gärtner überlassen. Ihr Garten gehört zu Ihrem ureigensten Haus- und Wirkungsbereich. Hier können Sie einiges an Schutz für Ihr Haus, Ihre Familie und Ihre Gesundheit erreichen, indem Sie selbst aktiv werden. Dazu sollten Sie einige Dinge beachten.

Unbedingt sollten Sie eine Heckenrose vor Ihrem Haus anpflanzen. Sie sieht nicht nur zauberhaft aus, sondern sie ist es auch. Ihre Stacheln wehren bösen Zauber ab, außerdem lässt sich an ihrem Wachstum, ihrer Blühfreude und Fruchtfülle vieles ablesen.

Natürlich sollten Sie auch eine „lebendige Hausapotheke", einen Holunder, direkt bei sich im Garten haben. Wie diese Bezeichnung verrät, sind seine Teile fast universell verwendbar; er dient als Abführmittel, gegen Fieber, als Brechmittel, gegen Blasenentzündung und zur Blutreinigung. Sie brauchen sich nicht einmal die Mühe der Teezubereitung machen, angeblich reicht es bereits, wenn Sie den Holunderstrauch aufsuchen und mit der Formel „Guten Morgen, Herr Flieder, ich bring' dir mein Fieber" die Krankheit auf ihn übertragen. Aber nicht genug damit, der Holunder schützt auch Haus und Hof vor Hexerei und Zauber und fungiert auch noch als Orakel. Er verrät zum Beispiel durch seine Blütenpracht die in diesem Jahr zu erwartenden Erträge des Weins, und blüht und fruchtet er gleichzeitig, so ist ein strenger Spätwinter zu erwarten. Verdorren seine Blätter jedoch, so steht ein Todesfall ins Haus. – Eine ganz eigene und innige Beziehung haben Sonntagskinder, die zwischen elf und zwölf Uhr geboren sind, zum Holunderstrauch. Sie können jede Woche um diese Zeit, wenn der Holler blüht, Geister in der Staude sehen.

Falls Sie es nicht ohnedies wissen sollten: Bäume sind weiblich. Außerdem sitzen in ihnen Seelen – und manchmal zwischen Stamm und Rinde die Hexen.

Wenn Sie einen Baum versetzen, ziehen Sie vorher Arbeitshandschuhe an. Sie werden nicht umhin kommen, ihn auch an den Wurzeln zu berühren, und das darf man nie mit bloßen Händen tun – sonst wächst er nicht mehr richtig an.

Ihre Obstbäume sollten Sie von Zeit zu Zeit küssen, dann tragen sie reichlich.

Und während der Weihnachtsbäckerei sollten Sie einmal mit den mehligen Händen hinausgehen und Ihre Obstbäume umarmen. Sie übertragen ihnen damit etwas von dem Segen des Weihnachtsfestes.

Apfelbäume sollten Sie am Karsamstag beim Glorialäuten oder am 25. März vor Sonnenaufgang schütteln, damit sie gut gedeihen. Wenn Ihr Apfelbaum zum ersten Mal trägt, warten

Sie, bis die Äpfel von selbst abfallen. Lassen Sie stets einen oder zwei Äpfel am Baum hängen – und tragen Sie Ihre Apfelernte, egal wie klein sie ist, immer in einem großen Korb ins Haus –, damit sichern Sie künftige große Ernten.

Falls Sie beim Umgraben eines Beetes einen goldenen Becher finden, geben Sie ihn im Zweifelsfall beim nächsten Denkmalamt ab. Noch sicherer ist es allerdings, ihn gleich wieder zu vergraben. Er gehört nämlich den Zwergen oder Elben, die Sie mit Ihrer Schaufel bei einem unterirdischen Gelage gestört haben, und die mögen das gar nicht gern.

Um die Raupen aus Ihrem Garten zu vertreiben, sollten Sie Hostienstücke streuen. Wie Sie allerdings legal in deren Besitz geraten – und nur geweihte sind wirklich wirksam – bleibt Ihrer Phantasie überlassen.

Sie ärgern sich über Ihren Schnittlauch, der nicht recht gedeiht und nur struppig wächst? Werfen Sie ihn auf den Kompost und betteln Sie sich stattdessen von Ihren Nachbarn welchen zusammen – der wird sicher großartig wachsen. Sie dürfen sich nur auf keinen Fall dafür bedanken. Das Gleiche gilt auch für andere Ableger: Wenn Ihnen jemand Ableger oder Samen schenkt, dürfen Sie sich dafür nicht bedanken – sonst werden die Pflanzen nicht gedeihen.

Sie pflanzen gerade Kartoffeln, und Ihre einäugige Nachbarin kommt auf einen kurzen Besuch vorbei, bittet Sie aber, sich bei der Arbeit nicht stören zu lassen? Hören Sie trotzdem sofort mit der Pflanzarbeit auf. Kartoffeln, die man in Gegenwart einer Einäugigen pflanzt, werden ungenießbar.

Im Winter ist Ihre Wiese voller Schnee, und Ihre Kinder wollen einen Schneemann bauen? Lassen Sie Ihnen den Spaß – aber merken Sie sich, an welchen Stellen die Kinder ihre Schneekugeln gedreht haben, und lassen Sie im Sommer hier keine Kühe weiden – die bekommen sonst den Drehwurm.

Eine Eberesche hat sich in Ihrem Garten angesiedelt? Akzeptieren Sie das und freuen Sie sich, denn Ebereschen schützen Sie vor Hexenzauber und Ihr Haus vor Blitzschlag – ganz abgesehen davon, dass ihre Beeren im Winter wertvolles Vogelfutter darstellen – je stärker sie tragen, desto strenger wird übrigens der Winter! Nur versetzen dürfen Sie sie nicht, denn sonst werden Sie sterben, sobald der Stamm des Baumes genau so dick ist wie Ihr Hals.

Auch Eberwurz, wenn sie sich in Ihrem Garten angesiedelt hat, sollten Sie willkommen heißen: Sie schützt vor Blitzschlag, vor der Pest und anderen Seuchen und ganz nebenher macht sie müde Männer wieder munter – und unwiderstehlich obendrein (siehe Seite 110).

In keinem richtigen Hexengärtlein darf, obwohl stark giftig, die Herbstzeitlose fehlen. In der Jahreszeit, die alles sterben lässt, tun ihre lila Blüten dem Auge und dem Herzen wohl. Achten Sie jedoch darauf, dass grasende Haustiere – der Trend zum Schaf als Rasenmäherersatz ist kaum aufzuhalten – sich nicht an der Pflanze vergiften können. Die Herbstzeitlose *(Colchicum autumnale)* wurde schon seit den Zeiten der kolchischen Zauberin Medea, die bekanntlich einen alten Bock zu einem springlebendigen Zicklein jung kochen konnte, mit Hexen in Verbindung gebracht. Man behauptete, die bösen Frauen bereiten sich an Walpurgis aus den vertrockneten Blättern der Herbstzeitlose einen Salat.

Trotz ihrer Giftigkeit galt sie als Heilpflanze für verschiedene Leiden. Eine Fettsalbe etwa, die Auszüge aus Pflanzenteilen der Herbstzeitlosen enthielt, diente zur Behandlung von wunden Händen und Frostbeulen. Mit dem Saft bestrich man müde Lider im Winter, die dann wieder munter wurden, und Warzen, um sie verschwinden zu lassen. Ihre Wurzel hilft angeblich gegen die Ruhr und Zahnschmerzen, sofern man sie nur als Talisman bei sich trägt. Unter das Kopfkissen gelegt, hilft sie gegen Bauchgrimmen.

Um Ihren Garten vor allen Dämonen zu schützen, können Sie es wie die Senner machen: Intonisieren Sie des Abends einen Betruf – ein fast stets auf einer Tonhöhe gesungenes Gebet. So weit es schallt, reicht Ihr Schutz für Ihren Garten.

Vorzeichen und Omen in der Pflanzenwelt

Bei den Vorzeichen in der Pflanzenwelt ist die Frage, wie weit sie auf Aberglauben und wie weit sie auf der Beobachtung von Naturzusammenhängen beruhen, kaum zu beantworten. Nehmen Sie sie daher ruhig ein wenig für bare Münze.

Blühen die Hagebutten reichlich, so gibt es guten Wein. Viele Hagebutten verkünden einen harten Winter.

Blüht das Heidekraut bis zur Spitze, gibt es einen bitterkalten Winter. Öffnen sich die Blüten nur unten oder bis zur Mitte der Stängel, so sollten Sie spätestens bis Michaeli (29. September) säen.

Ein schlechtes Zeichen ist es, wenn im Frühjahr die Begonien nicht mehr austreiben – dann wird ein Mitglied des Haushalts sterben. Die gleiche Vorbedeutung hat es, wenn einer Ihrer Obstbäume zu ungewöhnlicher Zeit blüht.

Wenn es in einem Jahr viele Bucheckern gibt, wird es auch viele uneheliche Kinder geben …

Blüht die Herbstzeitlose zeitig, so kommt der Winter bald; bildet sie vier Blütenblätter aus, folgt ein schlechtes, hat sie sechs, ein gutes Erntejahr.

Wenn hingegen das Hungerblümchen von März bis Juni in großen Mengen auf dem Acker wächst, wird es eine schlechte Ernte geben – es trägt seinen Namen nicht ohne Grund.

Auch der Himbeerstrauch verrät uns etwas über die Zukunft. Trägt er viele Früchte, so ist anzunehmen, dass auch die Kornernte reichlich ausfallen wird.

Auch wenn der Hopfen gut gedeiht, wird das nächste Jahr eine gute Kornernte bringen, zuvor aber einen bitterkalten Winter. Ob sich der Hopfen gut verkaufen lässt, hängt davon ab, ob er viele verlaubte Zapfenschuppen entwickelt, ferner von der Anzahl der Punkte des Marienkäfers, oder von der Zahl der goldenen Punkte auf den Puppen des Hopfenfalters. – Und: Hopfen darf nicht geschnitten werden, während der Mond im Tierkreiszeichen Krebs steht, sonst wächst er nicht weiter.

Haustiere

Wenn Sie auf engster Tuchfühlung mit Ihren Haustieren leben, wissen Sie natürlich auch bei diesen einige Vorzeichen und Omen zu deuten. Das war früher ganz natürlich, als die Familie meist über dem Stall schlief, um die Wärme von den Kühen auszunutzen. Rümpfen Sie nicht die Nase: Heute nimmt so mancher seine Schoßhunde und Stubentiger gleich mit ins eigene Bett. Allerdings haben wir heute vielfach verlernt, auf Besonderheiten in ihrem Verhalten zu achten.

HUNDE

Falls Sie sich entschließen sollten, einen Hund in die Familie aufzunehmen, wählen Sie einen mit „Doppelaugen". Das sind helle Flecken über den Augen, die wie ein zweites Augenpaar wirken. Sie kennzeichnen angeblich besonders treue Tiere.

Haben Sie schon einen scheinbar Treulosen ohne diese Flecken, so macht das auch nichts: Sie können ihn treu machen, indem Sie ihm ein Stück Brot zu fressen geben, auf das Sie dreimal gespuckt haben, indem Sie ihm ins offene Maul spucken oder indem Sie eines seiner Haare im Schuh tragen.

Er wird Ihnen nicht nur ein treuer Freund sein, sondern Sie auch vor Einbrechern und Dämonen schützen und vor Geistern warnen, die in der Nähe sind, indem er kläglich winselt und jault und sich eng an Sie drückt. Jaulen kann auch einen bevorstehenden Tod und Unheil ankündigen. Winselt Ihr Hund dabei mit gesenktem Kopf, ist ersteres zu befürchten, streckt er jedoch die Schnauze gen Himmel, wird es einen Brand geben.

Ein übles Vorzeichen ist auch das Heulen des Hundes während des Glockenläutens und zu bestimmten Zeiten wie zu Mitternacht, an Neujahr oder zu Weihnachten.

Heult der Hund gar den Mond an, so gibt es Krieg.

Rodelt der Hund auf dem Schwanz, wird Besuch kommen (oder er hat schlicht und einfachWürmer).

Sie schützen Ihren Hund vor Tollwut, wenn Sie ihn nach einem Fluss benennen, z. B. Reineke nach dem Rhein, und für sein Wachstum und seine Gesundheit durch einen entsprechenden Hundesegen sorgen.

Wie der gute Hausgeist erhält auch der Hund seine besonderen Gaben, so vom Samstagskuchen das erste Stück und in den Zwölften sein eigenes Brot.

Stirbt der Hund, sollten Sie ihm sein Grab unter einem Obstbaum bereiten, es wird ihm dort sicher gefallen, und der Baum wird daraufhin reiche Ernte bringen.

KATZEN

Zu Katzen sollte man besonders nett sein – nicht nur wegen der Mäuse. Das beginnt schon bei der Art, wie die Katze in Ihr Haus kommt:

Eine schwarze Katze dürfen Sie sich nicht kaufen. Denn wenn sie Ihnen am Vormittag begegnet – was bei einer Katze im Haus höchst wahrscheinlich ist, denn Katzen lieben es, gerade Erwachten zur Begrüßung um die Beine zu streichen –, bringt das Unglück. Etwas anderes ist es, wenn Ihnen die Katze zugelaufen ist. Eine solche, selbst wenn sie schwarz ist, bringt Ihnen Glück.

Weil Katzen in der Lage sind, Mensch und Vieh Krankheiten abzunehmen, kann man sie in den Stall treiben und damit den Kühen Siechtum ersparen – vorausgesetzt natürlich, Ihnen ist die Kuh wertvoller als die Katze. Doch auch in einem modernen Haushalt mit Fernseher, Computer, Handy, Schnurlostelefon, Mikrowellenherd, Fön, elektrischer Zahnbürste und anderen Quellen von Elektrosmog kann Ihnen eine Katze Krankheiten ersparen: Achten Sie nur darauf, wo sie sich gern niederlässt. Diese Plätze sollten Sie selbst meiden, denn sie sind am stärksten belastet.

Orte, an denen Katzen gequält worden sind, werden zu regelrechten Unglücksstätten. Wenn nicht aus Tierliebe, so sollten Sie allein schon deshalb gut darauf achten, dass Kinder Ihre Katze nicht zu heftig am Schwanz ziehen – Ihre Wohnung könnte sonst zu einem Ort der Verdammnis werden.

Putzt sich die Katze, dann macht sie sich schön für den Besuch, der zu erwarten ist.

Was man mit einer gestorbenen Katze anfangen soll, ist nicht überliefert. Seit der Renaissance stellte sich das Problem kaum, da die meisten Katzen mit den Hexen verbrannt wurden, denen sie gehörten, und schwarze Katzen endeten als Symbol des Bösen meist im Johannisfeuer. Daher sind rein schwarze Katzen fast ausgestorben, und Sie brauchen kaum noch zu fürchten, dass eine Katze, die von links nach rechts Ihren Weg kreuzt, schwarz sein könnte und Unglück bringt.

DAS LIEBE FEDERVIEH

Die Haltung von Hühnern ist eine gefährliche Sache. Es müssen die richtigen sein, sie müssen zum rechten Zeitpunkt schlüpfen und brüten, sie dürfen die Eier nicht verlegen und sollten dabei auch noch vor dem Zugriff des Hühnerhabichts gefeit sein. Dabei sind die Hühner ureigenste Angelegenheit der Hausfrau – das Geld, das sie durch den Verkauf von Eiern einnimmt, gehört ihr ganz allein.

Zumindest *ein* schwarzes Huhn sollten Sie halten, obgleich es als dämonisch und gefährlich gilt und allein schon durch sein Gackern Unheil ankündigt. Aber bereits ein Ei von diesem schwarzen Huhn behütet Ihr Haus vor Blitzschlag – Sie müssen es dazu nur über den Dachfirst werfen – und Sie selbst vor Schlangenbiss und Knochenbrüchen.

Segensreich sind jene Hühner, die am Karfreitag ausgebrütet wurden.

Wenn Sie Ihren Hühnern den Schwanz schneiden, halten sie auf jeden Fall den Grund und Boden frei von Mäusen. Wenn Sie ihnen an Fastnacht die Schwanzfedern schneiden und sie ihnen ins Nest legen, verhindern Sie, dass sich die Hühner verlaufen. Wenn Sie es dagegen am Karfreitag tun, sind sie überdies vor dem Habicht geschützt.

Am Karfreitag können Sie Ihr Federvieh auch dadurch vor Raubvögeln schützen, dass Sie es durch einen hölzernen Reifen laufen lassen oder in einem Reifen füttern – die Schutzwirkung des Reifens bleibt das ganze Jahr über erhalten. Am besten ist es, Sie tun dies, während die Kirchenglocken zum Gottesdienst läuten. Sollten Sie aus irgendeinem Grund am Karfreitag nicht dazu gekommen sein, so umschreiten Sie die Tiere kreisförmig, während Sie sie füttern – Sie legen dabei kraft Ihrer Persönlichkeit eine Schutzkette um sie.

Die Heckenrose ist ein vorzüglicher Schutz für ihr Federvieh. Sie brauchen nur einen geschnittenen Zweig über den Hühnerstall zu hängen.

Ein guter Schutz für die Hühner ist es auch, wenn Sie ihnen am ersten Weihnachtstag die Überreste des Mittagessens innerhalb eines kreisförmig gelegten Seiles zu fressen geben. Sind es halbgekochte Erbsen, die Sie ihnen dabei hinstreuen, werden ihre Hühner ganz besonders fleißig Eier legen. – Allerdings müssen Sie damit rechnen, dass Sie diese Eierausbeute mit Beulen bezahlen, wenn es sich bei den Erbsen tatsächlich um Reste des Mittagessens handelt: Wer in den Zwölf Nächten nämlich Hülsenfrüchte isst, bekommt Beulen.

Geben Sie den Hühnern auch das erste Fastnachtsküchlein, das Sie gebacken haben. So bleiben die Tiere gesund.

Wenn Sie nach all diesen Vorsorgemaßnahmen irgendwann in Eiern schwimmen, teilen Sie sich die weißen Kostbarkeiten gut ein: Eier, die im großen Frauendreißiger, also zwischen Mariä Himmelfahrt (15. August) und Mariä Geburt (8. September) gelegt werden, halten sich bis Weihnachten.

Stirbt die Frau des Hauses, müssen alle Hühner verkauft werden.

BIENEN

Ein Bienenschwarm zieht durch Ihren Garten, und Sie würden ihn gern dazu bringen, sich niederzulassen? Borgen Sie sich rasch von der nächsten Musikkapelle die großen Becken aus und schlagen Sie sie zusammen. Auf diese Weise veranlassen Sie die Bienen erstaunlicherweise zum Bleiben, während Dämonen sofort die Flucht aus Ihrem Garten antreten.

Sobald Sie sich für die Imkerei entscheiden, nehmen Sie allerdings einiges auf sich: Sie dürfen nicht fluchen, nicht streiten und müssen überhaupt einen gesitteten Lebenswandel führen, damit sich die Bienen, denen eben diese Tugenden nachgesagt werden, bei Ihnen auch wohl fühlen.

Um zu verhindern, dass Ihre eigenen Bienen schwärmen, legen Sie Beifuß in den Bienenstock – hier ist es allein schon der Name, der sie an Sie binden soll. Oder hängen Sie im Garten ein Stück Rinde einer vom Blitz getroffenen Eiche auf.

Wenn Sie eine Hostie in Ihren Bienenstock legen, wird sich der Ertrag Ihres Bienenvolkes mindestens verdoppeln. Doch Vorsicht: Auf legalem Wege kommen Sie wohl kaum zu einer geweihten Hostie. Überlegen Sie also, ob die Verdammnis, die Sie mit Hostienfrevel riskieren, das bisschen mehr an Honig wert ist. – Die Herkunft eines derartigen Ratschlags ist unschwer zu erkennen: Bei Hexenprozessen konnten die Richter natürlich keine Verurteilungen auf der Basis von Vorwürfen wie „Sie hat den bösen Blick" oder „Sie hat mein Vieh verhext" aussprechen. Die Vergehen der beschuldigten Frauen mussten schon etwas handfester sein und vor allem gegen die Regeln der „heiligen römischen Kirche" verstoßen. Daher wurden „Hexen" oft so lange gefoltert, bis sie einen solchen Verstoß zugaben – am besten einen Hostienfrevel, denn dann war der Fall klar und die „Hexe" konnte verurteilt werden. Erpresste Aussagen aus Hexenprozessen wurden von Priestern vielfach zum Anlass genommen, gegen diese Praktiken (wie Hostien in Bienenstöcke zu legen) von der Kanzel zu wettern, wodurch diese erst in den Rang des Aberglaubens erhoben wurden.

Verlassen Sie sich also nicht wirklich darauf, dass die Hostie den Ertrag Ihres Bienenvolks steigert – selbst wenn Ihnen die Sache mit Ihrer Verdammnis egal wäre.

DIE GEFÄHRLICHE AUSSENWELT

Ihr Zuhause und Ihre eigene Person können Sie ja recht gut schützen – schwierig wird es, wenn Sie diesen geschützten Bereich verlassen. Dann stürzt eine ganze Flut von Anfechtungen, Gefahren, Bedrohungen und vielleicht auch Ängsten auf Sie ein, und es heißt, auf der Hut zu sein.

Wichtigster Tipp vorweg: Der erste Eindruck ist meist richtig. Hören Sie also auf Ihr Gespür und handeln Sie entsprechend. Grundlegende Schutzmittel für Ihre Person kennen Sie ja schon aus dem ersten Kapitel.

Unterwegs am Morgen

Sie bleiben beim Verlassen des Hauses an der Tür hängen? Das ist ein deutliches Vorzeichen: Bleiben Sie an diesem Tag zu Hause – oder verschieben Sie das Verlassen des Hauses zumindest noch eine Weile.

Wenn Sie unterwegs stolpern, sollten Sie sofort zurückgehen und auf den Boden spucken, um das Unheil zu bannen, das Sie da losgetreten haben.

Sie finden einen weißen Kiesel? Vorsicht, das könnte ein Blindstein sein. Heben Sie ihn sicherheitshalber auf, spucken Sie darauf und werfen Sie ihn rückwärts über den Kopf. Andernfalls riskieren Sie zu erblinden.

Wer Ihnen morgens als Erster begegnet, wenn Sie das Haus verlassen, ist nicht gleichgültig. Wenn es ein alter Mensch ist, Sie aber gerade etwas Neues vorhaben, ist das ein ungünstiges Vorzeichen – warten Sie einen Tag und schließen Sie erst Angefangenes in Ruhe ab. Begegnet Ihnen als Erster ein junger Mensch, so ist das ein gutes Omen.

Einen besonders schlechten Ruf genießen in der Welt des Aberglaubens alte Frauen. Sie galten als die Unglücksbotinnen schlechthin. Fischer und Jäger machten vielfach kehrt, wenn ihnen auf dem Weg zum Kutter oder zur Jagd eine alte Frau begegnete. Als Schutz gegen das mit ihr verbundene Unheil soll man auf den Boden spucken oder leise murmeln: „Euch ebenso viel" (vielleicht hilft auch die respektlose modernere Fassung: „Du mich auch." Die Aussage dürfte etwa die gleiche sein. Lassen Sie es aber keine der älteren Damen Ihrer Umgebung hören. Sie wollen sie doch nicht verletzen?).

Besonders am Neujahrsmorgen sollte einem nicht als Erster ein älterer Mensch und auch kein Briefträger begegnen – das könnte Unglück fürs ganze Jahr bedeuten. Der Schornsteinfeger dagegen ist besonders zu Jahresbeginn als Glücksbringer gern gesehen, obgleich er zu diesem Termin seine Jahresrechnung präsentiert. Seine Ähnlichkeit mit dem Teufel verschafft ihm nämlich den Ruf, über diesen Macht zu haben oder Dämonen bannen zu können, und der Ruß, den er hinterlässt, gilt daher als besonderer Schutz vor Krankheiten. Auch vom Schornsteinfeger berührt zu werden bringt Glück.

Schwarze Vögel wie Amseln oder Dohlen – letztere verkünden einen Tod, als Schwarm sogar einen Krieg – galten ebenso als Unglücksboten wie rothaarige Frauen oder Zigeuner (denn die hatten angeblich den bösen Blick). Aber auch einem Mann namens Johannes wollte man Morgens möglichst nicht als Erstes begegnen. – Ein Bettler dagegen ist ein besonderer Fall: Er hat Zauberkräfte. Und damit er die nicht gegen Sie richtet, sollten Sie ihm sicherheitshalber ein Almosen geben.

Schlechte Vorzeichen sind auch die Begegnung mit einer Katze, einer Ziege, einer Fledermaus, einem Hasen, einem Fuchs oder einer Maus. Ein dreibeiniges Tier verkündet vollends Tod und Unheil – es gehört eigentlich zur wilden Jagd.

Ein gutes Omen ist dagegen die Begegnung mit einem jungen Menschen, mit einem schönen Mädchen, mit einem

Mann, einer Brautkutsche oder einem Pferd. – Sollte Ihnen das alles zu kompliziert sein, um es im Kopf zu behalten, so merken Sie sich einfach folgende Faustregel: Fröhliche Wesen und von rechts auf Sie zukommende Dinge sind positive, schlecht gelaunte, gehetzte und von links kommende Wesen sind eher negative Vorzeichen.

Ein besonderer Fall ist die Sache mit der Spinne:

> *Spinne am Morgen bringt Kummer und Sorgen,*
> *Spinne am Mittag bringt Glück am dritten Tag,*
> *Spinne am Abend erquickend und labend.*

Töten dürfen Sie die Spinne auch dann nicht, wenn sie Ihnen am Morgen begegnet: Wie soll eine tote Spinne am dritten Tag Glück bringen? – Hinter diesem Spruch steht aber viel mehr als die Erkenntnis, dass Spinnen Fliegen und andere Insekten fangen, die Krankheitskeime übertragen können. Eigentlich geht es ums Spinnen: Wer schon am Morgen spinnt, sodass alle andere Arbeit liegen bleibt, der hat (bereits oder bald) Kummer und Sorgen. Wer am Mittag spinnt, der hat bald – am dritten Tag – Glück (vielleicht in Form der Einnahmen aus dem zusätzlich versponnenen Garn?), und nur am Abend zu spinnen ist wirklich erstrebenswert – als nützliche und entspannende Feierabendbeschäftigung.

Nun aber wieder zurück auf die Straße. Wenn Sie zu zweit unterwegs sind, sollten Sie verhindern, dass jemand zwischen Ihnen durchgeht – er trägt sonst Ihren Frieden davon. Rastlosigkeit, Streit oder zumindest das Gefühl gestörter Vertrautheit sind die Folgen.

Nicht nur die Wesen, die Ihnen begegnen, können für Ihr weiteres Leben oder den Geschäftserfolg des Tages von Einfluss sein, auch die Menschen, die vor Ihnen denselben Weg gegangen sind, hinterlassen in Ihrem Leben ihre Spuren – besonders im Winter. Wenn Sie nämlich in die Fußstapfen eines Ehebrechers steigen, brechen Sie sich den Fuß. Sein Fehltritt im übertragenen Sinne wird bei Ihnen also zum echten Fehltritt. – Aus diesem Grund ist es auch so wichtig, über den Lebenswandel seiner Mitmenschen genauestens Bescheid zu wissen!

DIE UNHEIMLICHEN FREMDEN

Innerhalb Ihrer vertrauten Umgebung kennen Sie nach einiger Zeit vermutlich nicht nur jeden Stein und jede Straße, sondern auch die Menschen, die sich dort üblicherweise aufhalten. Und je besser Sie sie kennen, desto stärker sind Sie mit ihnen vertraut und können ihnen innerhalb gewisser Grenzen auch vertrauen.

Schwierig wird die Sache bei komplett Fremden. Die haben oft etwas Unheimliches.

Wenn ein Leierkastenmann in die Stadt kommt, sollten Sie Ihre Wäsche von der Leine nehmen – denn dann kommt auch bald Regen.

Spricht Sie eine unbekannte Frau an, so sollten Sie erst entscheiden, ob Sie sie für harmlos, für eine Hexe oder für die Mittagsfrau, die Percht oder Frau Holle halten. Harmlosen Frauen antworten Sie frei von der Leber weg ohne jede Gefahr, Hexen sollten Sie nicht antworten, sonst nehmen sie Ihnen etwas weg, und auf die Fragen der anderen Damen brauchen Sie unbedingt die rechte Antwort, sonst werden Sie von ihnen getötet. Unterscheiden können Sie diese Wesen zum Beispiel an ihren Augenbrauen: Sind sie zusammengewachsen, so könnte es sich um einen Werwolf, einen Vampir, einen Zauberer, eine Hexe oder einen Nachtmahr handeln.

Gegenüber behinderten Menschen herrschte früher tiefes Misstrauen, da Anomalien als Strafe Gottes betrachtet wurden und Behinderte folglich als Sünder gefürchtet waren, die vielleicht Böses im Sinn haben und zudem auch in die Geheimnisse der Magie eingeweiht sein könnten. Besonders die Buckligen wurden argwöhnisch beäugt – denken Sie nur an den Glöckner von Notre Dame. Körperlich Behinderten oder Buckligen zu begegnen war ein schlechtes Vorzeichen, und da half auch nicht, dass im Aberglauben empfohlen wurde, ihnen mit der Hand über den Buckel zu streicheln, da dies Glück bringen sollte. Gegen den Buckel soll eine Salbe aus schwarzen Schnecken und Spitzwegerich helfen – angeblich.

Gefährlich wird für Sie die Begegnung mit Fremden auch dann, wenn Sie als Mann Ihrer Frau nicht treu sind und sich von einer unbekannten Frau ansprechen lassen. Gehen Sie auf keinen Fall mit ihr tanzen! Es könnte sich nämlich um eine Ehebrecherin handeln, die nach ihrem Tode umgeht. Wenn sie einem Mann begegnet, der ebenfalls untreu ist, muss er mit ihr tanzen, bis er tot umfällt.

Sollten Sie hingegen einem Quellgeist begegnen, so ziehen Sie vor ihm achtungsvoll den Hut. Aber das versteht sich eigentlich von selbst, oder?

AUF DER REISE

Sie kennen das sicher: Sie sitzen im Zug, vor sich eine längere Fahrt, und kaum ist der Heimatbahnhof außer Sicht, packen Sie Ihren mitgebrachten Proviant aus. Leckere Köstlichkeiten kommen aus Ihrem Rucksack hervor: Belegte Brote, gekochte Eier – Halt! Schon falsch. Eier darf man nur daheim essen, sonst trägt man das Glück von zu Hause fort.

Sie sind unterwegs, und es juckt Sie unter der Fußsohle? Versuchen Sie unauffällig herauszufinden, was Ihre Frau gerade macht. Es könnte sein, dass Sie berechtigten Grund zur Eifersucht haben.

Dem Heimweh in der Fremde können Sie durch ein „Heimwehbrot" vorbeugen, das Sie dem Scheidenden mitgeben. Auch Bräute, die in den Hausstand ihres Mannes übersiedelten, bekamen früher so genanntes „Gewöhnbrot" mit auf den Weg, das ihnen den Abschied leichter machen sollte. Und wirklich scheint das ein einfühlsamer und kluger Brauch zu sein, denn was gibt es Beruhigenderes, als in der Ferne in eine vertraute Stulle von Muttern zu beißen oder gar ein Stück ihres köstlichen Kuchens bei sich zu haben?

Am Arbeitsplatz

Jeder Beruf hat seinen eigenen Aberglauben. Dass man auf einem Schiff nicht pfeifen darf (weil man damit den Klabautermann verärgert oder Sturm herbeipfeift) und dass man auf der Bühne weder stricken noch nähen darf, sind nur einige davon.

Als Schmied weiß man, wie wichtig es ist, vor Feierabend, zumindest aber am Ende der Arbeitswoche, und ganz gewiss einmal im Jahr, nämlich an Jakobi, die Arbeit mit drei mächtigen Schlägen auf den Amboss zu beenden. An den Amboss ist nämlich der Teufel gekettet, und der feilt an seinen Ketten. Mit diesen drei Schlägen wird die Kette wieder gefestigt.

Fischer sind überzeugt, dass das Ausbleiben der Heringsschwärme die göttliche Strafe für die eigene Frevelhaftigkeit ist, und benehmen sich deshalb das ganze Jahr über manierlich und gesittet. Wer einen Hering fängt, der doppelt so groß wie ein gewöhnlicher ist, hat gewiss den Heringskönig geangelt – und den sollte er schnell wieder frei lassen. Wer ihn nämlich tötet, der wird niemals mehr einen Hering fangen.

Kaufleute wissen: Den ersten Kunden, der ihr neu eröffnetes Geschäft betritt, sollten sie nicht gehen lassen, ohne dass er etwas gekauft hat. Zur Geschäftseröffnung ist übrigens ein Mittwoch optimal – Merkur, der Gott der Diebe und Kaufleute, fördert den geschäftlichen Erfolg.

Wenn sich die Werkzeuge des Totengräbers, des Sargtischlers oder auch des Scharfrichters, die an der Wand hängen, von selbst bewegen, wird bald jemand sterben – dann bekommen sie nämlich Arbeit.

Reich werden Sie übrigens dem Aberglauben zufolge nur, wenn Ihre Hosen an den Knien durchgescheuert sind. Sind Ihre Hosen dagegen am Hintern durchgesessen, so bleiben Sie arm – vielleicht schlägt hier der Wahlspruch des hl. Benedikt *Ora et labora* durch: Arbeiten allein nützt nichts, es muss auch kräftig – auf den Knien – gebetet werden. Ein Trost für alle, die ihr Geld am Schreibtisch verdienen: Es gibt bereits

Jeans, die schon mit Löchern an den Knien versehen verkauft werden. Falls Sie zu dieser Gruppe der Berufstätigen gehören, sollten Sie auch über einen Rosenquarz nachdenken – er schützt Sie vor Elektrosmog. Legen Sie ihn zwischen sich und Ihren Computerbildschirm oder den Trafo Ihrer Halogenschreibtischlampe – oder hängen Sie ihn sich am besten gleich um den Hals. Auch Pflanzen können Ihnen helfen, den Büroalltag zu „entspannen": Ficusarten und Farne wirken erdend und sind besonders gute Luftbefeuchter – das ist aber eigentlich kein Aberglaube.

Das Glas Wasser auf dem Schreibtisch, das sich inzwischen in immer mehr Büros findet, schützt Sie zwar vielleicht vor schlechten Einflüssen, weil Sie während des Trinkens die Nase (und meist auch die Augen) schließen; es auf den Schreibtisch zu stellen ist jedoch ebenfalls kein Aberglaube, sondern soll Sie vor allem daran erinnern, genug zu trinken. In klimatisierter Luft im Sommer und geheizter Luft im Winter trocknen wir unglaublich stark aus, und dagegen hilft, mindestens zwei Liter Wasser am Tag zu trinken.

So enttäuschend es sein mag: Die Entwicklung der Büroarbeit und vieler moderner Berufe fiel in eine Zeit ohne eigenen Aberglauben. Daher gibt es hier (noch?) keinen Aberglauben, der über Ihren persönlichen Schutz hinausginge.

In der freien Natur

Es ist ein wunderschöner, wenn auch etwas drückender Frühlingstag, und abends zieht ein Gewitter auf? Bereiten Sie sich darauf vor: Beim ersten Donnerschlag des Jahres sollten Sie sich auf der Erde wälzen – dann sind Sie das ganze Jahr über von Unglück verschont. Sie können dieses Gewitter aber auch dazu verwenden, übernatürliche Kräfte zu bekommen: Heben Sie beim ersten Donnerschlag einen schweren Stein auf und tragen Sie ihn, solange das Gewitter dauert.

Wenn Sie im Freien sind, achten Sie auf den Flug der Adler: Nähert sich Ihnen ein Adler von links, so bringt das Unglück, ein Adler von rechts bringt Glück – das zumindest haben Adler mit schwarzen Katzen gemeinsam.

Auch der Drosselflug sollte Sie nicht uninteressiert lassen: Fliegt ein großer Drosselschwarm übers Feld, so kommt die Pest in Ihre Gegend. Doch auch wenn Sie nicht daran glauben, sollten Sie die Sänger im Auge behalten: Holunderblüten und -beeren aus Sträuchern, in denen Drosseln gesessen sind, haben ganz besondere Heilkraft.

Altweibersommer ist's und die Spinnenfäden, an denen sich die jungen Spinnen durch die Luft tragen lassen, wehen durchs Land? Freuen Sie sich darüber. Wenn ein solcher Faden an Ihrem Kleid hängen bleibt, bringt das Glück, und wenn Sie ihn mit sich herumtragen, werden Sie berühmt. Auf jeden Fall dienen sie als Vorboten für gutes Wetter.

Sie kommen an einem brennenden Busch vorbei, der aber durch das Feuer nicht verzehrt wird? Keine Angst, das ist keine Laientheater-Aufführung des Alten Testaments, sondern ein Hinweis auf einen Schatz, der unter dem Busch vergraben liegt. Merken Sie sich die Stelle gut, erzählen Sie aber niemandem davon. Auch ein Eber kann Ihnen einen Schatz zeigen – und in jedem Fall gilt er als Glücksbringer, nicht nur an Silvester. „Schwein gehabt!" bezieht sich nicht auf Ihr Hausschwein im heimischen Stall!

Sie sitzen auf einer Wiese in der Sonne, pflücken sich gedankenverloren einen Grashalm und stochern damit in Ihren Zähnen herum? Ganz falsch. Schmielengras – und das ist das Gras, das die hierfür am besten geeigneten, langen und stabilen Halme bietet – ist ein beliebter Aufenthaltsort von Dämonen, die durch Exorzismus aus Besessenen vertrieben wurden. Diese wollen nämlich über das Vieh und dessen Fleisch wieder in den Menschen zurückkehren. – Dieser Aberglaube hat einen handfesten Hintergrund: Am Grund von Gräsern siedeln oft Pilze, die alles andere als gesund sind: Der Schlauchpilz, der auch das Mutterkorn produziert, sondert einen dem LSD verwandten Stoff ab, von dem man tatsächlich den Veitstanz bekommt, das heißt einen der Besessenheit ähnelnden Zustand. Der Gedanke an Dämonen ist nachvollziehbar.

Auch von Binsen sollten Sie die Finger lassen, wenn Sie auf der Suche nach einem Zahnstocher sind. In sie ist nämlich der Teufel gebannt.

Bachstelzen hingegen gelten als Glücksbringer. Besonders wenn man die erste Bachstelze im Frühling auf einer Wiese sieht, erlebt man viel Freude. Wer weiß, vielleicht sind Bachstelzen tatsächlich die Seelen verstorbener Tiere. Sicher ist: Man darf sie auf keinen Fall töten, sonst trifft einen ein schweres Unglück, vielleicht eine Überschwemmung oder ein Hochwasser, oder jemand kommt durch Ertrinken ums Leben. Beobachten Sie die Bachstelze ruhig ein wenig genauer, sie ist ein guter Orakelvogel: Wenn sie unruhig hin und her hüpft, steht Ihnen ein Umzug bevor. Tritt sie paarweise auf, so sagt sie vielleicht auch Ihnen eine Hochzeit voraus. Und wenn Sie ihr Nest finden, so kann auch das Ihnen einiges verraten: Ist es hoch gebaut, steht eine Überschwemmung bevor.

Auf einer Stange am Feldrand sitzt ein Bussard? Freuen Sie sich, dass er Ihnen die Mäuse aus dem Feld fängt. Schon der römische Naturkundler Plinius wusste, dass Bussarde Glück bringen. Hüten Sie sich aber vor dem Griff zur Flinte – wenn Sie sein Fleisch essen, werden Sie wahnsinnig.

In der freien Natur sollten Sie besonders auf Kröten achten. Nicht nur, dass es Ihre (ja, Ihre!) Gebärmutter sein kann, die von einem Bad zurückkommt, wenn Sie im Sommer in der Nähe eines Gewässers geschlafen haben – nein, in der Zeit um Allerheiligen sind Kröten oft Verkörperungen der armen Seelen, die im Fegefeuer ihre Sünden abbüßen und an diesem Tag frei haben, um ihre Verwandten zu besuchen, und deshalb darf man ihnen nichts tun.

Auch auf Eidechsen sollten Sie achten. Auf eine Eidechse zu treten bringt nämlich Unglück. Oft sind Eidechsen die

Schutzgeister eines Haustieres. Im Interesse des Bauern, an dessen Trockenmauer Sie auf die Eidechsen stoßen, sollten Sie also darauf achten, sie nicht zu töten.

Wenn Sie Steine in einen Brunnen werfen, trifft Sie alles Unglück dieser Welt, denn Gottes Auge ist darin. Aus demselben Grund dürfen Sie auch nicht hineinspucken.

Gehen Sie niemals an einem Fuß barfuß, während der andere Fuß Schuh und Strumpf trägt. Sie bekommen davon Schnupfen, und Kinder, die das tun, kommen nie zu Brot.

Wenn Sie unter einem Baum durchgehen, achten Sie darauf, ob er Albruten trägt – das sind struppige, nestartige Flechten. Falls Sie darunter hindurchgehen, riskieren Sie, Kopfschmerzen zu bekommen.

Wenn Sie ein vierblättriges Kleeblatt finden, pflücken Sie es – es bringt Glück. Solange Sie es bei sich tragen, können Sie vieles erkennen, was anderen Menschen verborgen ist.

Wenn Sie Beeren sammeln, sollten Sie die ersten drei gefundenen Beeren auf einen Baumstumpf legen und dort liegen lassen, oder werfen Sie sie über die eigene Schulter – dann finden Sie noch viele weitere. Hinuntergefallene Beeren sollten Sie als „Muttergottesbeeren" liegen lassen.

Wenn Sie einen Belemniten finden, so freuen Sie sich. Dieser auch als Blitzröhre bekannte Stein wurde unter Donner und Blitz vom Himmel herabgeschleudert und kann Sie daher vor Blitzschlag schützen. Außerdem bringt er allgemein Glück. – Eigentlich sind Belemniten versteinerte Reste von evolutionären Vorläufern von Tintenfischen. Sie sind zigarrenförmige Steine, von Natur aus innen hohl, außen aus Feuerstein, im Innern mit Kreidekalk gefüllt.

Wie wird das Wetter?

Wetterregeln sind kein Aberglaube, sondern meist uralte Erfahrungswerte, die sich zum Teil statistisch, zum Teil naturwissenschaftlich erklären lassen. Das bekannteste Beispiel ist die Sache mit den Schwalben: „Wenn die Schwalben niedrig fliegen, werden wir bald Regen kriegen", weil nämlich die Insekten, von denen sich die Schwalben ernähren, vor dem drohenden Regen unter Blättern Schutz suchen und zu diesem Zweck ihre luftigen Höhen verlassen. Wir sehen nicht die Insekten, sondern nur die Schwalben, die sie in der Phase vor einem Regen in Bodennähe jagen – daher der Spruch.

Hier – und im Kalenderteil – sind deshalb nur wenige Wetterregeln aufgeführt. Testen Sie sie beim Picknick in der Natur doch durch. Dann werden Sie bald wissen, was an dieser Art von Aberglauben dran ist.

Tiere sind sehr gute Meteorologen. Das gilt nicht nur für den Frosch auf der Leiter, sondern auch für Hühner. Wenn die Hennen früh schlafen gehen, gibt es gutes Wetter. Plustern sie sich auf und springen sie herum, so wird es regnen. Auch wenn sie Gras fressen, deutet das auf schlechtes Wetter hin. Wenn sie besonders laut schreien, kommt Wind auf, und baden sie bei Sonnenschein im Sand, ist ein Wetterumschlag zu erwarten.

Wenn die Amsel lang anhaltend singt, wenn die Frösche quaken, die Gänse auf einem Bein stehen oder die Regenwürmer aus der Erde kommen, wird es Regen geben. Wenn sich ein Dohlenschwarm auf einem Feld niederlässt, gibt es schlechtes Wetter; setzen sich die Vögel hingegen auf einen Baum, so wird das Wetter schön. Ähnliches gilt auch für Drosseln: Setzen sie sich in die Krone eines Baumes, kommt ein warmer Sommer.

Wenn der Hund Gras frisst, kündigt das Regen an, ebenso wenn er stinkt. Frisst er im Winter hingegen Schnee oder wälzt er sich darin, so wird Tauwetter einsetzen.

Auch wenn eine Katze Gras frisst, wird es Regen geben. Regen gibt es aber auch, wenn sie sich den Hintern putzt oder den Hals verdreht. Trinkt sie jedoch Wasser oder niest sie sogar, wird es bald schneien.

Wenn die Amsel drei Tage hintereinander an derselben Stelle erscheint, wird es Schnee geben. Wenn viele Blässhühner auftreten, setzt der Winter früh ein. Wenn es viele Vogelbeeren oder viele Eicheln gibt oder wenn die Eicheln tief in ihren Fruchtbechern stecken, wird der Winter streng.

Was man von den Pappeln zu halten hat, darüber scheiden sich die Geister: Werfen sie das Laub von unten nach oben ab, wird der Winter streng, werden sie aber von oben nach unten kahl, so wird er mild. Manche Leute kennen dies aber auch umgekehrt.

Etwas ganz anderes ist es, wenn jemand selbst das Wetter mit seinem eigenen Verhalten beeinflusst: Angeblich entsteht Regen, wenn ein „Wettermacher" mit dem nackten Hintern dreimal aufs Wasser klatscht, worauf Rauch aufsteigt, der sich zu schwarzen, schweren Regenwolken verdichtet.

Ein wichtiges Utensil beim Wetterzauber ist der Hut. Ein „Gewitterbanner" kann mit seinem dreieckigen Hut Unwetter wegwedeln, und wird eine Mütze in den Wirbelwind geworfen, legt er sich. Auch mit den roten Hüten der Geistlichkeit wurde das Wetter in Verbindung gebracht: Angeblich kommt Regenwetter, sobald die Geistlichen ihre Hüte aufsetzen und auf Reisen gehen. Vielleicht fühlte sich die gläubige Gemeinde ohne ihren geistlichen Beistand aber auch nur im Regen stehen gelassen – im wahrsten Sinne des Wortes.

AUF DER JAGD

Gehen Sie auf die Jagd, so müssen Sie eine Fülle von Regeln beachten. Sie können sich mit diesen aber auch herausreden, sollten Sie beute- und erfolglos nach Hause kommen.

Wenn der Jäger auf dem Weg in den Wald einer alten Frau begegnet, kann er eigentlich gleich wieder umkehren, denn er wird heute nichts erlegen. Auch wenn er unterwegs durch ein Astloch beobachtet wird, wird er ohne Jagdbeute heimkommen. Wenn ihm beim Laden des Gewehrs eine Kugel herabfällt, gilt das Gleiche: An diesem Tage trifft er nicht.

Auf keinen Fall darf der Jäger vergessen, beim Betreten des Waldes „Wol, wol!" zu rufen, sonst wird sein Gewehr verhext und ihn und seine Hunde erwartet Fürchterliches. Niemals darf er eine weiße Gämse oder einen weißen Hirschen erschießen, ja nicht einmal auf sie zielen, sonst stirbt der Jäger (genau dies soll dem österreichischen Kronprinzen Rudolf und dem Thronfolger Franz Ferdinand geschehen sein).

Wenn die Sache völlig aussichtslos und unbewältigbar aussieht, wird es am besten sein, Sie schließen mit dem Teufel einen Pakt, der Ihnen magische Macht gibt – dann werden Sie in der Lage sein, das Wild an einer Stelle zu bannen. Den Mut zu diesem Unterfangen können Sie sich übrigens zu Hause ganz leicht antrinken, indem Sie Pulver mit Wein mischen und diesen trinken.

Im Gebirge

Die Berge sind den Menschen seit jeher nicht geheuer und gelten als von vielen Berggeistern bewohnt, mit denen man sich gut stellen sollte. In Zeiten der allgegenwärtigen Mobiltelefone ist zwar die tatsächliche Gefährlichkeit der Berge etwas zurückgegangen, dennoch sollten Sie einige Dinge beachten, wenn Sie sich in diese ganz eigene Welt begeben.

Sie kommen an einem Steinhaufen vorbei? Suchen Sie einen Stein und legen Sie ihn dazu. Darunter wohnen nämlich die wilden Fräulein, und denen sollten Sie ein Opfer bringen.

Treten Sie auch niemals in eine leere Almhütte ein, ohne vorher anzuklopfen – Sie könnten sonst die Kasermandln verschrecken – und dann wird der Käse nichts mehr!

Das Jodeln und Jauchzen ist Ausdruck der Freude, und da die meisten bösen Geister Freude überhaupt nicht leiden können, lassen sie sich dadurch vertreiben. Aber auch Geister und Gespenster jodeln manchmal, um Schnee anzukündigen, und wenn Sie dieses Jodeln hören, sollten Sie auf keinen Fall mit einstimmen, denn das würde die Geister rufen. Und nicht genug damit, Sie laufen auch noch Gefahr, von diesen dann in die Irre gelockt zu werden und Triefaugen zu bekommen oder heiser zu werden.

Was geschieht, wenn Sie das letzte Edelweiß pflücken, zeigte eindrucksvoll die Werbung für eine österreichische Kräuterlimonade: Sie kommen direkt in die Hölle. Doch falls sich ein Edelweiß in Ihrem Garten ansiedelt, freuen Sie sich: Es hält Dämonen und Geister und sogar den Teufel selbst fern.

Unterwegs am Abend

Der Abend ist die beste Zeit zum Sammeln von Heilkräutern, heißt es. Doch dazu muss man vor die Tür gehen, und am Abend im Freien unterwegs zu sein ist keineswegs ungefährlich. Der Abend gehört bereits zur Nacht und ist damit eigentlich eine Zeit der Geister. Wer zu dieser Zeit noch unterwegs ist, der muss auf vieles achten, um nicht verloren zu sein.

Die einschlägigen Verhaltensmaßnahmen aus der Welt des Aberglaubens sind leider recht widersprüchlich. Einerseits sollten Sie unbedingt Lärm vermeiden, vor allem nicht pfeifen. Sie locken sonst unweigerlich den Teufel an. Andererseits sollten Sie zum Schutz vor den Unterirdischen stets eine Pauke mit sich tragen. Denn deren tiefe Töne halten die Unterirdischen für das Grollen des Donners und fürchten sich dann sehr vor Ihnen. Auch ins Horn zu blasen oder Hörner aneinanderzuschlagen und ordentlich damit zu lärmen, vertreibt die Mächte der Finsternis.

Setzen Sie abends unbedingt eine Kopfbedeckung auf, damit Ihnen keine Fledermäuse ins Haar geraten – sonst werden Sie kahlköpfig. An Misthaufen sollten Sie am Abend auf keinen Fall vorbeigehen, schon gar nicht ohne Kopfbedeckung, denn in den Misthaufen wohnen diverse Geister und Dämonen.

Wenn Sie merkwürdige Gestalten im Mondlicht tanzen sehen, schauen Sie weg – Sie könnten sonst erblinden. Es sind Unterirdische, und die lieben es gar nicht, wenn ein Oberirdischer sie beobachtet.

Sollte Ihnen ein Drache begegnen, so stellen Sie sich mit gekreuzten Beinen hin – dann kann er Ihnen nichts anhaben.

Wenn Sie klägliche Hilferufe hören, sprechen Sie erst ein Gebet und bekreuzigen Sie sich, ehe Sie zu Hilfe eilen – optimal wäre, Sie hätten jetzt ein wenig Weihwasser bei sich, um sich zu besprengen. Es könnte sich nämlich um den Wassermann handeln, der auf diese Weise seine Opfer anlockt.

Sie haben sich verirrt? Kein Wunder. Gerade bei Großstadtmenschen, die Straßenbeleuchtung und Beschilderungen gewöhnt sind, ist die Gefahr, sich nachts im Freien zu verirren, sehr groß – heute noch größer als früher, als nächtliche Heimwege durch den Wald nichts Ungewöhnliches waren. Doch schon immer machten wir Menschen nicht uns selbst und unseren mangelnden Orientierungssinn für das Missgeschick verantwortlich. Nein, wenn Sie mutterseelenallein und verloren im Wald herumstehen, sind sicher Irrlichter, Irrwurzeln, Irrkraut, Geister oder ein Zauber schuld an der Misere.

Irrlichter sind gutartige kleine Geisterchen, meist die Seelen ungetauft verstorbener Kinder, und wenn man sie nicht ärgert, spielen sie den Wanderern auch keinen Streich. Besonders gern haben sie Kuchen, und wenn Sie mit einem süßen, frischen Sonntagskuchen ab und an ihrer gedenken, haben Sie überhaupt nichts mehr von dieser Seite zu befürchten.

Anders sieht es da schon mit dem Irrkraut bzw. der Irrwurzel aus. Die beiden kennen keine Gnade, und wer auf sie tritt oder womöglich gar von ihnen isst, findet nicht mehr nach Hause und geht hoffnungslos in die Irre.

Der Irrzauber kann durch einen Gegenzauber gebrochen werden. Mit Stahl Feuer zu schlagen, den Hut verkehrt herum aufzusetzen oder die Schuhe an den falschen Füßen zu tragen soll Ihnen helfen, wieder klarer zu sehen und vielleicht sogar den richtigen Weg wieder zu finden. Sie können auch einen Purzelbaum schlagen, wenn Ihnen danach zumute ist, oder sich erst einmal hinsetzen. Vielleicht sind Sie aber auch nur Opfer eines Blendzaubers geworden. Um das festzustellen und den Zauber auch gleich zu entkräften, hilft folgende Maßnahme: Ziehen Sie Ihre Jacke aus und drehen Sie den rechten Ärmel auf links. Sie werden sich gleich wieder zurechtfinden.

Nächtliche Wanderer kennen das sicher: Da überquert man eine Brücke oder einen Graben, durchschreitet einen Hohlweg oder kommt an einer Richtstätte vorbei, und plötzlich wird einem jeder Schritt immer schwerer. Die Rede ist vom Hockauf oder Huckup, einem Kobold, der nachts Wanderern auf Schultern oder Rücken springt, immer schwerer wird, ihnen den Atem nimmt, sie in Angst und Schrecken versetzt und sie manchmal sogar durch Würgen zur Eile antreibt, bis der ungebetene Tramper sein Ziel erreicht hat und freiwillig wieder abspringt. Sie sollten schauen, dass Sie so schnell wie möglich in die Nähe einer Kirchturmglocke gelangen – deren Läuten vertreibt ihn. Ist keine in Sicht, können Sie auch einfach beten. Halten Sie jedoch mit zusammengebissenen Zähnen und von Angstschweiß bedeckt durch und bringen den Kobold, wohin er es wünscht, so zeigt er sich oft erkenntlich und entlohnt Sie großzügig.

Wenn Sie dieses Erlebnis auch ohne Brücke, Kreuzweg oder andere markante gefährliche Stellen haben, dann haben Sie wahrscheinlich einen Platz passiert, an dem ein Mord geschah. Achten Sie einmal darauf: Standen viele Disteln an diesem Platz? Sie wachsen angeblich besonders oft am Ort eines Verbrechens.

Gefährlich ist es auch, wenn Sie nachts bei klarem Wetter mit dem nackten Finger auf einen Stern zeigen – er könnte Ihnen ins Auge fallen und Sie blenden.

Etwas anderes ist es mit Sternschnuppen: Sie bringen Ihnen Glück. Dazu müssen Sie sie aber erst einmal bemerken, und wenn Sie sie bemerkt haben, müssen Sie sich schweigend etwas wünschen, solange Sie die Sternschnuppe fallen sehen. Ein Tipp: Im Sommer, wenn die Sonne im Tierkreiszeichen Löwe steht, sind sie besonders häufig am Himmel zu sehen.

Zum Schutz vor Gewitter und Hexen sollten Sie sich angewöhnen, sicherheitshalber einen Besen bei sich zu tragen – natürlich mit den Borsten nach oben. Auf den Borsten können die Hexen nämlich nicht landen – wie der Gewitterschutz dabei funktioniert, ist nicht überliefert.

Angenommen, Sie sind zwischen Weihnachten und Epiphanias (6. Januar) im Wald unterwegs und es wird dunkel. Tragen Sie Ihr Taschenmesser bei sich? Vor der wilden Jagd sind Sie nämlich geschützt, wenn Sie sich auf einen Baumstumpf setzen oder stellen, der mit einem Kreuz versehen ist. Zur Not müssen Sie es mit dem Messer rasch hineinschnitzen.

In der Kirche

Ein Teil der Vorstellungen, die mit der Kirche verknüpft werden, betrifft das korrekte Verhalten während des Gottesdienstes und die Folgen, die ein Verstoß dagegen haben könnte. Bei den anderen Vorstellungen wird die Kirche gleichsam gegen ihren Willen und meist ohne ihr Wissen zur Unterstützung für kirchenfremde Zwecke eingesetzt.

Wer in der Kirche schwatzt, besonders bei der Wandlung, begeht eine Sünde. Er bietet damit aber einem Dritten die Möglichkeit für einen Heilzauber, mit dem er versuchen kann, seine Warzen loszuwerden. Doch Vorsicht: Der Teufel sitzt im Gebälk und schreibt mit, was Sie während des Gottesdienstes reden – auf eine Kuhhaut. Ist es zu viel, geht es eben auf keine Kuhhaut mehr.

Wer Fieber hat, oder an Hand- bzw. Fußverletzungen leidet, darf nicht in die Kirche, sonst wird er nicht mehr genesen. Hat sich jemand in der Kirche den Schnupfen erst geholt, wird auch er nicht mehr gesund.

Beim Hinsetzen und Aufstehen sollten Sie sanft und behutsam sein, denn klappert ein Kirchenstuhl, muss ein anderes Gemeindemitglied sterben.

Wer ohne Beichte zum Abendmahl geht, dem bleibt der Mund so lange offen stehen, bis er gebeichtet hat. Wer sich beim Abendmahl umsieht, bekommt böse Augen.

Wer die Hostie fallen lässt oder den Wein verschüttet, wird unglücklich. Und ganz schlimm ist es, wenn man eine beschädigte Oblate erhält. Auch am Weihwasser darf man sich nicht vergreifen: Wer davon trinkt, wird dumm.

Wenn der Gottesdienst vorbei ist und Sie sich anschicken wollen zu gehen, tun Sie das bitte nicht, ohne sich vorher auf Ihrem Platz noch einmal gut umgesehen zu haben, um sich zu vergewissern, dass Sie auch nichts liegen gelassen haben. Wer nämlich in der Kirche etwas vergisst, der muss bald sterben.

Hexen können Sie übrigens bei der Christmesse in der Kirche erkennen, wenn Sie ihnen ein Stühlchen aus neun verschiedenen Hölzern unterschieben.

Wozu Kirchen sonst noch dienen können

Das Verfüttern von Hostien zur Heilung von Viehkrankheiten und das Füttern der Hühner zum Schutz vor dem Habicht, während die Kirchenglocken bereits zum Karfreitagsgottesdienst rufen, sind nur zwei Beispiele für Tätigkeiten, bei denen die Kirche für einen Zweck eingesetzt wird, der mit ihrer eigentlichen Funktion nichts zu tun hat.

Es gibt noch mehr derartige Beispiele für eine Zweckentfremdung der Kirche oder ihrer Einrichtung. Sie können beispielsweise in der Kirche ein Orakel einholen – Orakel waren schon immer an Heiligtümer von Göttern gebunden. In Delphi war es der Gott Apollon selbst, der durch die orakelnde Priesterin die Antwort gab. Ein einfaches und noch dazu sehr unauffälliges Orakel, das Sie garantiert nicht in Schwierigkeiten bringen kann, ist folgendes: Zünden Sie eine Votivkerze an und wünschen Sie sich dabei im Stillen etwas. Die Brenndauer und Brennart, das heißt, ob die Kerze flackert, die Flamme groß ist und so weiter, lässt auf den Ausgang einer Krankheit oder die Erfüllung Ihres Wunsches schließen.

Sie haben einen großen, großen Wunsch? Spenden Sie drei weiße Almosen an die Kirche (Milch, Eier, Mehl), das könnte helfen, Ihren Wunsch zu erfüllen.

Hokuspokus – hätten Sie's gewusst? Die Kirche ist der Lieferant des klassischen Zauberspruchs: Hokuspokus ist die Verballhornung aus dem in jeder Messe vorkommenden, den meisten Gottesdienstbesuchern aber völlig unverständlichen Satz: „Hoc est corpus meus".

Wenn Sie an einem Wallfahrtsort sind, sich im Innersten Ihres Herzens aber als Hexe fühlen, so sollten Sie nicht zur Beichte gehen: Sie verlieren Ihre Kunst. Ob Sie damit allerdings auch vor der Inquisition gefeit sind, ist nicht überliefert.

Beim Empfang der Hostie dürfen Sie ein Stück Kreide in der Backe verborgen halten, und sobald die Hostie im Mund ist, die Kreide mit der Zunge zu dieser schieben, damit sich beide berühren. Alle Wünsche, die Sie nun damit aufschreiben, werden in Erfüllung gehen.

Die Buchen- oder Birkenzweige, die an Fronleichnam zum Schmuck der Kirche gedient haben, sind ein wirksamer Schutz vor Blitz. Sehen Sie zu, dass Sie sich einen davon reservieren.

Am Sonntag nach Pfingsten sollten Sie etwas Salz auf dem Altar weihen lassen – es hilft besonders gut gegen Krankheiten und lässt Sie verhextes Essen erkennen: Es sieht dann aus wie ein Kuhfladen (… was sonst nur passierter Spinat tut).

Den Staub der Kirche dürfen Sie sich nach dem Verlassen des Gotteshauses nicht von der Kleidung abklopfen. Gehen Sie langsam, vorsichtig, und auf dem direkten Weg nach Hause, und bemühen Sie sich soviel wie möglich davon zu bewahren. Bringen Sie ihn bis in die eigene Wohnung, bringt er Glück, und auf Wunden gelegt, lässt er diese sich schließen. Ist es in Ihrer Kirche sehr sauber und findet sich dort kein Staubkörnchen, können Sie auch ein bisschen vom Stein des Kirchenbaus abschaben, er hat dieselbe Wirkung. Lassen Sie sich aber nicht dabei erwischen!

Auch zum Eheorakel lässt sich die Kirche verwenden. Dazu müssen Sie sitzend oder stehend einen Schuh durch die Kapellentür oder durch das Loch über der Kirchtür werfen – rückwärts und ohne hinzusehen. Aus dem Erfolg dieses Unterfangens können Sie auf den Erfolg Ihres Ehewunsches schließen. Wenn Ihnen das zu kühn ist – schließlich sind Sie ja in einer Kirche –, dann machen Sie das Gleiche im Freien: Werfen Sie den Schuh rückwärts gegen den Kirchturm. So, wie er landet, sagt er einiges aus: Wenn die Spitze des Schuhs zur Kirche weist, werden Sie bald Ihr Elternhaus verlassen – das kann durch Ehe, aber auch durch den Tod geschehen. Die Richtung, in die der Schuh weist, bezeichnet andernfalls die Richtung, aus der der oder die Zukünftige kommen wird. Kommt der Schuh hingegen auf der Sohle zu liegen, so wird nichts aus der Ehe, Sie bleiben ledig.

In Restaurant und Kneipe

Wirtshäuser waren ursprünglich neutrale Plätze, an denen Reisende den Schutz der Gastfreundschaft genossen. Sie boten also Sicherheit in einer potentiell feindlichen Umwelt – sofern sie nicht von Räubern betrieben wurden, wie so manches Märchen zu berichten weiß. Grundsätzlich galt der Gast als unantastbar (und durfte höchstens beim Bezahlen geschröpft werden) und war seines Lebens in einem Wirtshaus sicher (sofern er nicht eine Fischgräte verschluckte oder nach zu viel Branntweingenuss einer Alkoholvergiftung erlag – doch genug der makabren Einwürfe).

Regeln, die Sie beim Besuch eines Restaurants oder Ihrer Stammkneipe beachten sollten, ähneln grundsätzlich jenen, die bei häuslichen Mahlzeiten gelten. Das hängt damit zusammen, dass viele häusliche Feste im Dorfgasthaus gefeiert wurden, weil die heimische Stube nicht genug Platz dafür bot. Daher gilt auch in einem Restaurant: Wenn Sie mit einem

Tischbein zwischen den Beinen zu sitzen kommen, bedeutet das, dass Sie eine böse Schwiegermutter bekommen oder noch sieben Jahre auf die Heirat warten müssen. Wackelt der Tisch, an dem Sie sitzen, so hat in diesem Hause die Frau das Sagen.

Im Restaurant können Sie damit rechnen, dass der Tisch mit einem Tischtuch gedeckt ist. Wenn Sie darauf Wein verschütten, vornehmlich Rotwein, ist das bei einer normalen Mahlzeit zunächst einmal ärgerlich, wenn Sie nämlich nicht sofort viel (!) Salz auf den Fleck schütten – und das Verschütten von Salz bei Tisch bringt bekanntlich Unglück. Was das Verschütten des Weines sonst noch zu bedeuten hat, ist regional sehr unterschiedlich; die Deutungen reichen vom Todesfall in der Familie bis zur Verlobung oder Kindstaufe. Bei einer Hochzeitsfeier gilt das Verschütten des Weines dagegen eindeutig als Vorbote für den Kindersegen des Brautpaares.

Anders liegt die Sache, wenn ein Mädchen in einem Restaurant oder einer Kneipe Bier umwirft: Dann bekommt sie ein uneheliches Kind, heißt es.

Was vom Tisch fällt, gehört den Toten und darf nicht mehr aufgehoben werden – ein Aberglaube, der bereits bei den alten Griechen bekannt war. Natürlich gilt das nur für Speisen. Doch auch wenn Ihre Serviette, Ihr Besteck oder sonst ein Gegenstand unter den Tisch fällt, müssen Sie vorsichtig sein: Sie dürfen nämlich nicht einfach unter den Tisch leuchten – das bringt Streit.

Damit alle Gäste satt werden, darf nach der Mahlzeit niemand seinen Mund am Tischtuch abwischen. Auch Ihre nach dem Essen gewaschenen Hände sollten Sie nicht am Tischtuch abtrocknen – davon bekommen Sie nämlich Warzen.

Lassen Sie sich auch im Restaurant vom Kellner nicht nachschenken, wenn Sie noch etwas Wein im Glas haben: Sieben Jahre keine Liebschaft oder eine unglückliche Liebe, ja selbst die Gicht sind ein zu hoher Preis. Das gilt übrigens nicht nur für den Konsum von Wein, auch mit Bier soll man sich nicht nachschenken lassen, weil man sonst eine unglückliche Liebe riskiert. Wenn Sie Fassbier bevorzugen, brauchen Sie sich hierüber natürlich keine Gedanken zu machen.

Schenken Sie sich bei Tisch Bier aus der Flasche oder Wein ein, schwimmt manchmal in der Mitte des Glases eine runde Schauminsel: Freuen Sie sich darüber. Sie bedeutet, dass Sie Glück haben oder dass Sie noch am selben Tag einen Kuss erhalten oder sogar ein liebes Geschenk. Das Gleiche gilt übrigens auch, wenn Sie in Ihren Kaffee oder Tee Zucker geben und alle Zuckerbläschen in der Mitte der Tasse zusammenschwimmen.

Streng sind die Regeln, die festlegen, was beim Biertrinken mit dem Schaum zu geschehen hat. Den Schaum sollten Sie abblasen, ehe Sie trinken, denn sonst haben die Hexen Gewalt über Sie. Hier sind Frauen im Vorteil: Wenn sie selbst Hexen sind, können sie das Bier gefahrlos mit Schaum trinken.

Die allerletzten Tropfen sollten stets im Glas bleiben, denn wer das Bier bis auf den letzten Tropfen austrinkt, vertrinkt seine Kraft und noch die eines weiteren Mannes. Vielleicht steckt auch hinter dieser Vorschrift ein Hauch Feminismus: Hexen, die bekanntlich ganz wild auf Bier sind, sammeln die Reste aus allen Gläsern zusammen und kommen so zu Bier.

Die gute alte Geschichte von den Scherben, die Glück bringen sollen, gilt in der Kneipe übrigens nur bedingt: Bricht bei einem vollen Glas der Henkel, so bedeutet das Unglück.

Kommt Ihnen der Wein oder das Bier eines Tages besonders sauer vor, kann das zwei Ursachen haben: Ein Gewitter ist hineingefahren – raten Sie Ihrem Wirt, er solle vor dem nächsten Gewitter einen Strauß Brennnesseln auf das Fass legen – oder eine neben Ihnen oder neben dem Fass oder der Flasche stehende menstruierende Frau hat ihn verdorben.

Zu guter Letzt ein Trost für Kneipenfans: Wenn Sie am Neujahrstag und an Fastnacht Bier trinken, bleiben Sie länger jung. Na dann – Prost!

Von der Wiege bis zur Bahre

Für jedes Lebensalter gelten besondere Vorschriften, die für Schutz und Sicherheit sorgen sollen. Besonders gefährdet sind kleine Kinder, aber auch Erwachsene in Übergangszeiten: während der Verlobungszeit, bei der Eheschließung, während der Schwangerschaft, und in der Zeit des Sterbens.

Mit der Taufe fängt es an

Der Weg zur Taufe ist einer der gefährlichsten Wege im Leben eines Kindes. Das hat alte Wurzeln: Die Mutter als Wöchnerin galt als unrein und war für sechs Wochen ans Haus gefesselt; sie konnte ihr Kind also auf diesem Weg nicht selbst schützen, und der neue Schutz des Taufsakraments war noch nicht vorhanden.

Kein Wunder, dass man sehr genau darauf achten sollte, welchen Weg der Taufzug nimmt, damit dem Kind kein Unglück passiert. Führt der Weg über ein Gewässer und schläft das Kind dabei, wird es zum Bettnässer. Wenn auf dem Weg zur Kirche eine alte Frau grüßt oder gar Glückwünsche ausspricht, so dürfen Sie ihr nicht danken, denn falls es eine Hexe sein sollte, bekommt sie durch Ihren Dank möglicherweise Macht über das Baby.

Nicht nur für Schadenzauber ist das Kind auf dem Weg zur Taufe besonders anfällig, sondern auch für gut gemeinte Magie, die seinen weiteren Lebensweg schützen soll: Wenn Sie zwei Messer oder zwei Gabeln über der Tür in den Türstock stecken und darauf ein Buch legen, wird es leicht lesen lernen.

Achten Sie bei der Taufe eines Mädchens darauf, dass es nicht in einem Taufbecken getauft wird, in dem zuvor ein

Knabe getauft wurde – es kann sonst leicht einen Bart bekommen. Auch die Taufpatin sollte besser keinen Jungen über das Taufbecken halten – sonst riskiert sie, dass ihr ein Bart wächst. Stattdessen sollte man bei der Taufe das Kind auf beide Wangen küssen. Es wird dort später beim Lachen wunderschöne Grübchen bekommen.

Apropos Taufpaten: Junggesellen geben wunderbare Taufpaten ab. Ob dahinter die Hoffnung steht, dass sie durch das Halten des Täuflings auf den Geschmack kommen und doch noch heiraten und eigene Kinder bekommen, oder ob es die Aussicht auf eine reiche Erbschaft ist, die Junggesellen zu erstrebenswerten Patenonkeln macht, sei einmal dahingestellt. Zumindest haben sie zum Zeitpunkt der Taufe noch zwei Hände frei, um das Kind gut halten und auch danach den Eltern zur Hand gehen zu können.

Das erste Badewasser eines Mädchens soll man unter einen Birnbaum schütten. Gießt man das erste Badewasser seines Kindes unter einen Apfelbaum, wird es schöne rote Bäckchen bekommen.

Wenn Sie ein Mädchen in einem Zuber aus Buchenholz baden, werden ihr später einmal die Männer nachlaufen.

Die Nägel der Babys müssen beim ersten Mal von der Mutter abgebissen und ja nicht geschnitten werden – eine reine Sicherheitsvorschrift, die unschwer als solche zu erkennen ist und mancherorts auf ein Jahr und auch auf das Haareschneiden ausgedehnt wird. Damit sie eingehalten wird, droht der Aberglaube mit schrecklichen Dingen: Greift die Mutter dennoch zur Schere, schneidet sie dem Kind das Glück ab, oder das Kind wird zum Dieb oder es bleibt dumm.

Stecken Sie dem Baby ein Briefchen in das Häubchen – es wird dann besonders gelehrig. Wenn Ihnen das Papier ständig weggeweht wird, weil sich der Winzling mit sicherem Griff immer wieder die Haube vom Kopf reißt, versuchen Sie es einmal damit, dass Sie das Kind bereits bald nach der Geburt in ein Buch sehen lassen. Früh übt sich bekanntlich.

Nicht mehr ganz so kleine Kinder betrifft die Sache mit dem ersten Brei: Wenn Sie bei der Zubereitung des ersten Breis Ihres Kindes singen und es auch unter Singen damit füttern, so wird das Kind musikalisch – angeblich.

Unangenehm ist es – für Mutter und Kind –, wenn ein Kind beim Zahnen Probleme bekommt. Es fällt ihm leichter, wenn Sie drei Dornen einer wilden Rose abreißen und dem Kind in einem Leinensäckchen um den Hals hängen. In vielen Gegenden werden zahnenden Kindern auch heute wieder Bernsteinketten umgehängt. Den Bernstein nannte bereits der römische Naturforscher Plinius als Mittel gegen Zauber. Eine andere unfehlbare Hilfe beim Zahnen sind Delphinzähne, als Amulett um den Hals gehängt. Dafür müssen Sie einen auf natürlichem Wege verendeten Delphin finden. Man darf Delphine nämlich auch in der Welt des Aberglaubens nicht jagen oder verletzen, denn eigentlich sind es verzauberte Ritter.

Ein Kind, das mit den Augen zwinkert, bekommt bald Schläge – mit dieser Drohung versuchte man Kinder wohl zur Vernunft zu bringen, wenn sie gar zu albern waren. Beunruhigender klingt, dass ein Kind, das mit den Augen viel nach dem Himmel schaut, selten alt wird – es möchte gern ein Engel sein. Bis heute glauben viele, dass Kinder nicht in den Spiegel sehen dürfen – sie werden dann eitel oder hässlich, dumm, furchtsam, krank, oder sie lernen schwer sprechen.

Wenn ein Kind immer wieder stolpert und häufig hinfällt, stecken Sie ihm einfach einen Dattelkern in die Tasche oder in das Bündelchen, das es um den Hals trägt. Der Kern wird es wirksam vor Schaden und vor Verletzungen bewahren. Nach einem Sturz ist es grundsätzlich hilfreich, das Kind zwischen den Sprossen einer Leiter durchzuziehen.

Wenn Ihr Kind unter der Deichsel eines Wagens oder zwischen Ihren Beinen durchkriecht, wird es angeblich nicht mehr wachsen. Um das zu verhindern, muss es genau den gleichen Weg rückwärts zurückkriechen.

Damit das Kind gut sprechen lernt, muss man ihm erbetteltes Brot zu essen geben – zum Glück nicht täglich.

Ein besonderes Problem ist das Bettnässen. Es kann viele Ursachen haben, auch ganz banale: Wer mit den Fingern oder einem Stecken in Asche schreibt oder wer mit dem Feuer spielt, ist ein Bettnässer oder wird es demnächst werden. Auch Kinder, die mit Löwenzahn spielen, werden zum Bettnässer – nicht ohne Grund heißt diese Pflanze, deren Tee die Nierentätigkeit fördert, auf Französisch Pisse-en-lit (Bettnässer). Den verschiedenen Ursachen entsprechend waren auch die Behandlungsansätze sehr unterschiedlich. Sie reichen davon, einer lebenden Maus den Kopf abzubeißen, bis zur Anrufung des heiligen Veit. Am meisten Erfolg verspricht folgender: Man soll das Kind während des Segens kreuzweise an die Kirchentür pinkeln lassen. – Das wichtige daran ist wohl das kontrollierte Schließmuskeltraining. Dazu braucht Ihr Kind allerdings keine Kirchentür, das kann es auch durch mehrmaliges Unterbrechen des Urinstrahls beim Wasserlassen auf der heimischen Toilette üben.

Von der Jungfrau

Einerseits wurden Erbtöchter üblicherweise erst dann verheiratet, wenn der Auserwählte seine Zeugungsfähigkeit erfolgreich unter Beweis gestellt hatte, andererseits wurde die Frage, ob ein Mädchen Jungfrau ist, wenn sie in die Ehe geht, in einer geradezu krankhaften Weise hochstilisiert.

Nach der Hochzeitsnacht musste das junge Paar das Bettlaken aus dem Fenster hängen, um durch die Blutflecken den Beweis der vorherigen Jungfräulichkeit der Braut anzutreten. Wer sich nicht schon vorher von ihrer Jungfräulichkeit überzeugte, riskierte, dass die Geschichte peinlich ausging: Würde das Tuch blütenweiß und rein die Fassade schmücken, wäre an Stelle des Bettlakens die Ehre der Familie und die des

Bräutigams besudelt. Also war es im Interesse aller – mit Ausnahme natürlich manchmal des Mädchens selbst –, der Sache vor der Hochzeitsnacht auf den Grund zu gehen. Natürlich wurde nicht einfach nachgesehen, ob sie noch Jungfrau war – dazu gab es ganz andere Methoden.

Dass ein Mädchen Jungfrau ist, zeigt sich untrüglich daran, dass sie Brennnesseln pflücken kann, ohne sich daran zu „verbrennen". Ein Mädchen ist keine Jungfrau mehr, wenn sie nicht mehr kitzelig ist – denn dann hat sie bereits gesündigt. Oder wenn sie Barbarazweige pflückt und diese bis Weihnachten nicht aufgehen; wenn sie beim Tischdecken vergisst, das Salz auf den Tisch zu stellen; wenn sie auf eine Brennnessel uriniert und diese daraufhin verdorrt; oder wenn sie einen Kaffeekessel vom Feuer nimmt und das Wasser daraufhin sofort aufhört zu kochen.

Diese Jungfrauentests legen den Gedanken nahe, dass es weniger um den körperlichen Zustand als um eine gewisse seelische Unschuld und Reinheit geht, wenn von Jungfrauen die Rede ist.

Weshalb auf die Jungfräulichkeit der Mädchen so großer Wert gelegt wurde, erklärt sich vielleicht einfach durch ihre unerhörte Nützlichkeit. Teufel, Vampire und Hexen sind gegen reine Jungfrauen machtlos, und Jungfrauen sind darum in der Lage, diese zu bannen. Auch können sie alles Ungeziefer aus dem Haus und den Feldern vertreiben, wenn sie diese nur durchwandern. Jungfrauen können Regen herbeizaubern, Hennen zum Eierlegen bringen, den wilden Stier bändigen und einem Jäger Glück bringen, wenn sie ihm das Gewehr vor der Jagd reichen – um nur einiges zu nennen.

Das Spannende: Ein „gefallenes Mädchen" kann wieder zur Jungfrau werden. Sie muss dazu „nur" ein Wunder vollbringen wie beispielsweise eine gelöschte Kerze wieder anblasen oder eine Krautpflanze auf einen Stein setzen – wenn diese gedeiht, ist ihre Jungfräulichkeit erwiesen. Auch wer sieben Hurenkinder geboren hat, wird wieder zur Jungfrau.

Einfacher ist es natürlich, sie macht das Spiel mit und achtet darauf, sich ihre Jungfräulichkeit zu bewahren. Dabei hilft ihr angeblich ein Amulett aus Jaspis. Außerdem soll die Jungfrau ihren Jungfernkranz, das ist jener, mit dem sie bei einem Fest geschmückt wird, so sorgfältig wie ihren Augapfel hüten. Sein Verlust ist gleichbedeutend mit dem ihrer Jungfräulichkeit.

Als Mutter können Sie übrigens auch dazu beitragen, dass Ihre Tochter noch eine Weile Jungfrau bleibt: Wenn sie zum Tanzen aus dem Haus geht, werfen Sie ihr etwas Salz hinterher – dann brauchen Sie nicht zu befürchten, dass sie verliebt zurückkommt.

Damit ein Mädchen irgendwann den Stand der Jungfrau verlässt, ohne deshalb zur alten Jungfer zu werden, sollte sie einige Vorsichtsmaßnahmen beachten. Sie muss nett zu Katzen und Spinnen sein, und sie muss bis Fastnacht den Spinnrocken abgesponnen haben – ansonsten bekommt sie nie einen Mann. Außerdem muss sie unbedingt darauf achten, dass ihr keine Fledermaus ins Haar gerät – sonst wird es nichts mit einer angestrebten Heirat.

Sicherheit für Bräute – Schutz für die Ehe

Angenommen, der Zukünftige ist eingetroffen (den ganzen Stress um dessen Erscheinen und Aussehen und die Zukunft des jungen Paares finden Sie weiter unten im Kapitel „Der Blick in die Zukunft"), angenommen, er hat auch keinen Korb bekommen, indem er bei seiner Werbung mit einem Butterbrote abgespeist wurde, das Eheversprechen wurde unter einer großen Eiche gegeben, damit der Donnergott Donar seinen Segen dazu geben konnte, und die Verlobung wurde durch einen großen Schluck Bier oder Branntwein oder durch Wein, der über die gekreuzten Hände des Brautpaares gegossen wurde, besiegelt – was kann jetzt noch schief gehen?

Fast alles. Der Bräutigam braucht „ihr" nur ein Buch zu kaufen oder zu schenken, und schon wird die Liebe verblättert. „Sie" braucht nur unter dem Dach stehend von ihrem ersten Heiratsantrag zu sprechen, dann wird nichts aus der Heirat.

Die Vorbereitungen für eine glückliche Ehe beginnen nicht erst mit dem Ausrichten der Hochzeitsfeier und dem Zusammentragen der Aussteuer, auch vorher schon muss die Braut fleißig sein und ihre Kräfte sinnvoll einsetzen, um den Zukünftigen an sich zu binden. Sie tut gut daran, ihm erst einmal einige Hemden zu nähen. Besondere Mühe sollte sie auf das Hochzeitshemd verwenden – ist es nämlich von ihrer eigenen Hand gefertigt, wird ihr der Ehemann ein Leben lang treu sein.

Sicher haben auch Sie noch die eine oder andere Serviette mit dem Monogramm Ihrer Großmutter (oder Urgroßmutter?) zu Hause. Fällt Ihnen etwas auf? Der im Monogramm abgekürzte Name war ihr Mädchenname. Das hat auch seinen Grund: Hätte sie den Anfangsbuchstaben des Ehenamens hineingestickt, so hätte das geheißen, die Eheschließung zu verschreien – und das Risiko, dass nur aus diesem Grund nichts aus der Hochzeit wird, wollte keine Braut eingehen.

Zur Aussteuer gehört auch das Brauthemd. Es muss in einem Sitz genäht werden, sonst besteht die Gefahr, dass die Braut im ersten Kindbett stirbt. Vor der Hochzeit darf sie es auf keinen Fall tragen, besonders dann nicht, wenn der Bräutigam sie darin sehen könnte; sonst wird die Ehe unglücklich.

Eine Braut sollte sich im Backtrog anziehen – dann wird sie in der Ehe die Herrschaft haben. Zumindest die Schuhe sollte sie sich im Backtrog anziehen, dann ist wenigstens sichergestellt, dass sie nie Schläge bekommt. Auch wenn sie sich etwas Dill in die Strümpfe steckt, kann sie die Macht im zukünftigen Haushalt an sich reißen.

Damit die Braut Glück in der Ehe hat, müssen die Federn zu ihrem Bett erbettelt sein. Abergläubische Bräute sollten sich also rechtzeitig mit den Gänsehaltern der Nachbarschaft gut stellen … Der Bräutigam hingegen behält sein Bett – sofern die Braut zu ihm zieht. Wichtig ist, dass Bettfedern immer durch einen Brombeerkranz hindurch eingefüllt werden, denn dann kann die Hexe den Eheleuten nichts anhaben.

Damit das Brautpaar stets im Überfluss lebt, sollte auch das Bier bei der Hochzeit im Überfluss fließen.

Auf die zahllosen Segenswünsche muss die Braut noch am Abend ihrer Hochzeit mit einem Dankeswort eingehen. Andernfalls gehen sie nicht in Erfüllung.

Einem jungvermählten Paar darf man keine Begonien schenken – das gibt Streit in der jungen Ehe. Auch Hänflinge, die in unmittelbarer Nähe des Liebesnestes der Eheleute nisten, bringen Zank und Streit, weshalb sie unbedingt vertrieben werden müssen – dies ist vielleicht der Grund, weshalb es in Ihrer Wohngegend längst keine Hänflinge mehr gibt.

Wenn das Brautpaar nach der Trauung das rituelle Hochzeitsbrötchen isst, darf es die ersten Bissen nur abbeißen, jedoch nicht kauen und hinunterschlucken. Sie werden ein zweites Mal gebacken, aufbewahrt und sind ein wertvolles Heilbrot für schwerkranke Hausbewohner.

Damit die Ehe glücklich wird, muss nicht nur für eine standesgemäße Aussteuer gesorgt sein, die vom Ehemann durch eine entsprechende Morgengabe beantwortet werden muss, es sollten auch sonst einige Dinge beachtet werden: Lärm vertreibt die Geister – machen Sie also mit Ihrem Auto möglichst viel Lärm, wenn Sie in Ihr Eheleben starten: Binden Sie beispielsweise leere Blechdosen an Ihren Auspuff.

Gut macht es sich auch für Ihre gemeinsame Zukunft, wenn der Ehemann die Entführung seiner Frau am Hochzeitsabend nicht bloß als Spiel auffasst, sondern entschlossen dafür sorgt, dass er sie zurückbekommt.

„Eigner Herd ist Goldes wert" – diese Weisheit betrifft natürlich auch den Start in eine Ehe. Wenn die Braut zur Schwiegermutter ins Haus ziehen und mit ihr die Küche teilen muss, sind Streit und Kummer oft vorprogrammiert. Sorgen Sie also tunlichst dafür, dass Ihr Eheglück um einen eigenen Herd herum stattfindet.

Familienplanung einmal anders

Familienplanung war in einer Zeit ohne Kindergeld, ohne Überproduktion von Lebensmitteln und ohne Sozialfürsorge ein heikles Thema. Einerseits war reicher Kindersegen erwünscht, da Kinder die Versorgung der Eltern im Alter garantierten. Andererseits war in Zeiten der Hungersnot eine Schwangerschaft und ein zusätzlicher Esser eine ernsthafte Gefährdung des Überlebens der Familie.

Vor der Entdeckung der Hormone, des weiblichen Zyklus' und der Zusammenhänge zwischen Zeugungstermin und Eintreten einer Schwangerschaft spielten nicht nur viele Erfahrungswerte bei der Familienplanung eine Rolle, sondern auch ein paar ganz handfeste Tipps. Hier sind einige davon:

DAMIT ES KLAPPT – TIPPS FÜR SIE

Hafer hatte ebenso wie die anderen Getreidesorten eine sehr wichtige Bedeutung für das Überleben und galt daher auch als Fruchtbarkeitssymbol. Am Andreastag (30. November), am Thomastag (29. Dezember) oder zu Silvester unter das Kopfkissen gelegte Haferkörner locken lüsterne Liebhaber ins Bett. Auch das Bewerfen mit Hafer, heute mit Reis immer noch häufig bei Trauungen praktiziert, soll die Fruchtbarkeit fördern. Die Anzahl der am Kleid der Braut haften gebliebenen Körner gibt Aufschluss darüber, wie viele Kinder sie gebären wird.

Die Blätter der Hauswurz sind angeblich ein starkes Aphrodisiakum. Es wird empfohlen, sich mit dem Saft der gepressten Blätter einzureiben. Übernimmt „er" diese Massage, kann er ebenfalls nur davon profitieren.

Auch Honig, der in der Volksmedizin unter anderem auf Grund seiner antiseptischen Wirkung geschätzt wird, ist ein hervorragendes Aphrodisiakum. Verzehren Sie gemeinsam Honigbrote! Die Süße des Honigs, seine Klebrigkeit und seine goldene Farbe sind ein Fest für die Sinne – und um Sinnlichkeit soll es ja schließlich gehen. Alte orientalische Rezepte schwören auch auf die äußerliche Wirkung von Honig als Wundermittel – wenn frau sich nämlich damit die Genitalien bestreicht.

Das Trinken von Birkensaft sorgt angeblich für reichen Kindersegen. Hilft das nicht, versuchen Sie es einmal mit dem Verzehren von Brennnesselsamen. Oder bitten Sie eine Hebamme, ein Stück Zucker in den Brunnen zu werfen – das hilft sicher.

Einer Frau, die noch keine Kinder geboren hat, soll es gegen die Unfruchtbarkeit helfen, wenn sie eine Biene isst – dann wird sie zuverlässig schwanger. Von Bienen nahm man ja an, dass sie sich ungeschlechtlich vermehrten. Wenn es also bei einer Frau mit der geschlechtlichen Liebe nicht so recht klappte, könnte die Biene vielleicht dafür sorgen, dass die Schwangerschaft auf andere Weise eintritt.

Christlichen Eheleuten wird schließlich noch empfohlen, gemeinsam in die Kirche zu gehen und um Fruchtbarkeit zu bitten. Züchtige Mittel wie das Spenden von Altartüchern sind dabei gestattet. Helfen sie nicht, was immerhin zu befürchten steht, fügen Sie sich besser in Gottes Willen.

DAMIT ES KLAPPT – TIPPS FÜR IHN

Sollte die Unfruchtbarkeit der Ehe nicht das Verschulden der Frau sein, so könnte es dem Mann helfen, auf einen Kranz aus Birkenzweigen zu urinieren – seine verlorene Manneskraft kehrt so ganz gewiss zurück.

Um sich vor Impotenz zu schützen, soll auch helfen, sich Salz in die Tasche zu stecken. Wenn mit Hilfe dieses Mittels erfolgreich eine Schwangerschaft eingeleitet wurde, sollte die

Frau allerdings zum Schutz vor Dämonen ebenfalls Salz verwenden – am besten in Form eines Fußbades, in das ein halbes Kilo Salz gegeben wird.

Als Nestelknüpfen bezeichnet man einen Bindezauber, der während einer Eheschließung durchgeführt wird, um die Fruchtbarkeit der Ehe zu verhindern: Ein übelwollender Mensch nimmt ein Stück Schnur und macht unter passenden Beschwörungen einige Knoten hinein. Der Erfolg: Das *membrum virile* des Ehemannes ist wie zugeknotet. Dagegen hilft als Heilpflanze angeblich Akelei. Doch versuchen Sie es zuvor mit folgender netten Variante: Sie können sich von diesem Zauber lösen, indem Sie an drei aufeinander folgenden Tagen des Morgens durch Ihren Ehering pinkeln. Falls die körperliche Ursache der Impotenz die gleiche wie bei Ludwig XVI. zu Beginn seiner Ehe mit Marie Antoinette war, könnte Ihnen eine Operation erspart bleiben, wenn Sie die Vorhautverengung mit dem Ring gleichsam spielerisch beseitigen.

Als wirksames erotisierendes und potenzsteigerndes Mittel gilt das Fleisch des Hirsches – insbesondere der Verzehr seiner Geschlechtsteile wird Männern in diesem Zusammenhang traditionell empfohlen.

Die hl. Hildegard empfiehlt die Nelkenwurz als Mittel zur Liebe, wenn sie in einem Trank eingenommen wird. Schon ihr zweiter Name, „Manneskraft", verspricht eine sensationelle Wirkung. Die Nelkenwurz soll außerdem auch noch Dämonen vertreiben, die im Schlafzimmer nichts zu suchen haben.

Das Knabenkraut, eine (allerdings geschützte) Orchideenart, gilt als Aphrodisiakum, und weil die Form seiner unterirdisch wachsenden Knollen stark an Hoden erinnert, wird es insbesondere dem männlichen Geschlecht empfohlen, wenn dieses an Unpässlichkeit leidet.

Mannesschwäche soll auch wirksam mit einem Beutelchen voller Korallen und Pfingstrosen behoben werden, das Sie dem solcherart Gehemmten zustecken. Sie dürfen Ihrem Liebsten auch eine Korallenkette, die mit Pfingstrosenblüten ergänzt ist, um die Brust hängen. Wahrscheinlich sieht er so geschmückt sehr schön und begehrenswert aus, bekommt dadurch gleich wieder mehr Selbstvertrauen, und alles wird gut.

Auch ein Sträußchen Eberraute *(Artemisia abrotanum)*, unter das Kopfkissen gelegt, wirkt wahre Wunder: Es stimuliert die Libido und wehrt sämtliche Beschwörungen ab, die den Beischlaf verhindern.

Andernfalls könnte Mann es mit Eberwurz *(Carlina acaulis)* versuchen. Sie heilt Impotenz und gibt zugleich Kraft. Und das beste daran: Wenn Sie sie zusammen mit etwas Baldrian in einem Wachstuch vermischt tragen, werden Sie für Frauen gleichsam unwiderstehlich.

Besonders potent soll Eberwurz machen, wenn Sie sie wie folgt ziehen: Sie tränken ein Stück Erde mit dem Samen eines Hengstes. Dann pflanzen Sie darauf eine Eberwurz, die Sie verzehren, sobald sie groß genug geworden ist. Auch die Zeugungskraft des Hengstes wird dadurch auf Sie übergehen.

EXTRAWÜNSCHE

Extrawünsche betreffen in der Regel das Geschlecht des Kindes. Hier hilft natürlich der Mondkalender: Schon in der Antike war man überzeugt, dass das Kind ein Junge werden würde, wenn die Zeugung an einem Tag erfolgt, an dem der Mond in einem männlichen Tierkreiszeichen steht – das sind Widder, Zwillinge, Löwe, Waage, Schütze und Wassermann. Damit Sie ein Mädchen bekommen, sollten Sie dafür sorgen, dass Sie einander näher kommen, wenn der Mond in einem weiblichen Zeichen steht. Das sind Stier, Krebs, Jungfrau, Skorpion, Steinbock und Fische. Decken Sie sich also rechtzeitig mit einem Mondkalender ein. Doch es gibt noch weitere Methoden, das Geschlecht des Kindes zu steuern:

Sie wünschen sich ein Mädchen, wurden aber gerade von Ihrem vierten Buben entbunden? Werden Sie aktiv. Vergraben Sie die Nachgeburt unter einem Birnbaum. Trinken Sie einen Absud aus dem Holz einer Linde, dann wird es ein

Mädchen. Wenn Sie in der Nähe der Nordseeküste wohnen, sollten Sie zusätzlich Ihren Gezeitenkalender zu Rate ziehen: Bei Ebbe gezeugte Kinder werden Mädchen.

Damit es ein Junge wird, sollten Sie etwas Holz der Wunderbuche von Kattenbach bei Weissenburg in Bayern abkochen und den Absud trinken. Doch wer weiß, vielleicht tut es auch das Holz der Buche im nächsten Stadtpark? Küstenbewohner wissen: Bei Flut gezeugte Kinder werden Buben.

Ihnen ist es völlig gleichgültig, ob es ein Junge oder ein Mädchen wird, nur ein Glückskind sollte es sein? Dann sorgen Sie dafür, dass es im Dezember zur Welt kommt – aber nicht am ersten Dezember, denn an jenem Tag wurden die Städte Sodom und Gomorrha zerstört, er gilt als Unglückstag. Ganz einfach ist das Leben mit diesen Kindern jedoch nicht: In der Adventszeit geborene Kinder sind geistersichtig.

Damit es nicht schon wieder klappt

Nachdem in Brasilien Placebos der Pille auf den Markt kamen und verkauft und eingenommen wurden, ohne dass es neun Monate später zu einem wahren Babyboom kam, mehren sich die Stimmen, denen zufolge es gar nicht nötig sei, den ganzen Monat lang dem Körper vorzumachen, dass er schwanger sei, um einer Schwangerschaft den Riegel vorzuschieben. Aus dem Aberglauben lassen sich hierzu einige Tipps beitragen – für deren Wirksamkeit jedoch keinerlei Garantie übernommen wird:

Wer eine Bibernelle *(Pimpinella saxifraga)* bei sich trägt, wird nicht schwanger. Auch der Saft der Silberpappel *(Populus alba)* macht Frauen angeblich unfruchtbar.

Eine Biene zu schlucken soll eine Schwangerschaft für ein ganzes Jahr verhindern. Das hilft jedoch nur Frauen, die bereits Kinder geboren haben. Dabei sollte die Biene unbedingt tot und sicherheitshalber auch zerstückelt sein, sonst sticht sie Sie in den Hals und Sie ersticken daran (in der Bundesrepublik Deutschland – und das ist kein Aberglaube – sterben jedes Jahr acht Menschen auf diese Weise – allerdings nicht deshalb, weil sie diese Art der Verhütung praktizieren wollen).

Um eine Schwangerschaft zu verhindern, wird empfohlen, den Urin einer Jungfrau zu trinken – deren Unberührtheit soll offenbar stärker wirken als Ihre eigene Sündhaftigkeit. Selbst Hasenkot, ausnahmsweise leicht beschaffbar, soll die Fruchtbarkeit mindern. Es bleibt Ihnen überlassen, ob Sie ihn pur, in Speisen eingearbeitet oder in Tee gelöst, gut gesüßt – sicher die schmackhafteste Variante – zu sich nehmen wollen.

Die Lust zur Unkeuschheit, wie es so schön heißt, werden Sie auch los, wenn Ihr Rosenkranz, Ihr Löffel oder das Heft Ihres Messers aus Buchsbaumholz geschnitzt ist oder wenn Sie vor dem Schlafengehen einen Apfel essen.

Eine etwas merkwürdige Art, den Beischlaf zu verhüten, ohne jeden Abend mit Migräne oder „Morgen ist große Wäsche" argumentieren zu müssen, ist folgende: Suchen Sie beim nächsten Spaziergang nach einer toten Eidechse und vergraben Sie sie heimlich unter der Türschwelle.

Wenn Sie schon an Ihrem Hochzeitstag gemeinsam entschieden haben sollten, dass Sie im ersten Jahr Ihrer Ehe keine Kinder haben wollen und erst einmal das neue Glück der Zweisamkeit ungestört auskosten möchten, sollten Sie sich einen kleinen Knoten in Ihr Brautkleid knüpfen. Dieser verhindert eine Schwangerschaft für das ganze folgende Jahr. Hierbei machen Sie also selbst vom Zauber des Nestelknüpfens Gebrauch.

Falls Sie umgekehrt sehnlichen Kinderwunsch hegen, sollten Sie sich Ihr Hochzeitskleid vor der Eheschließung genau ansehen: Auch unbeabsichtigt können derlei Knoten vorkommen, beispielsweise in den unzähligen Satinschleifchen, mit denen Bräute oft geschmückt sind. Auch diese Knoten können Ihre Familienplanung durchkreuzen und Ihrem Mann unberechtigterweise das Gefühl der Unfruchtbarkeit bescheren.

DIE EHELICHE TREUE – TIPPS FÜR IHN

Ein ganz anderes Thema ist die Frage der Treue. Ist in Ihnen erst einmal der Verdacht erwacht, so werden Ihnen auch tausenderlei Beweise für Untreue oder Treue auffallen. Gehen Sie auf Nummer sicher. Achten Sie auf untrügliche Zeichen.

Haarnadeln sind hervorragende Indikatoren für die Treue der Frisierten. Hat „sie" eine solche verloren, ist alles zu spät, der Treuebruch ist bereits geschehen. Entdecken Sie aber eine erst mehr oder weniger gelockerte Nadel im Haar Ihrer Frau, so können Sie der Untreue noch gegensteuern – dies bedeutet nämlich vorerst nur, dass es einen Nebenbuhler gibt, der ihrer sehnsuchtsvoll gedenkt. Also heißt es, Kavalier und wachsam sein, vielleicht hat sie dann nur Augen für den Mann an ihrer Seite. Haarnadeln eignen sich zudem vorzüglich als Amulette, um die Verliebten aneinander zu binden.

Auch ein Magnetstein ist überaus nützlich, um die Treue der geliebten Ehefrau auf die Probe zu stellen. Dazu muss er unter ihr Kopfkissen gelegt werden. Nun wartet man ab, ob sie sich dem Gatten alsbald liebevoll zuwendet und ihn zärtlich umfängt – in diesem Fall ist sie eine treue Seele und man darf getrost die Umarmung erwidern – oder ob sie im Gegenteil aus dem Bett fällt – dann war sie nämlich untreu und hat im Ehebett sowieso nichts mehr verloren.

Tipps für „sie" werden Sie hier vergeblich suchen – Untreue der Männer wurde nicht geahndet.

Vorsichtsmaßnahmen für Schwangere

Viele Frauen möchten nicht schon vorher wissen, ob sie einen Jungen oder ein Mädchen bekommen. Wenn es Ihnen auch so geht, haben Sie allerdings ein Problem: Wie reden Sie Ihr ungeborenes Kind an? „Tochter" ist eigentlich viel zielgenauer als „Purzel" oder „Zwerg" – zumal eine Bezeichnung wie „Zwerg" dazu führen könnte, dass Ihr Kind beschließt, vorerst einmal nicht zu wachsen. Ein „Gebrauchsname", den Sie nach der Geburt auch dann nicht verwenden, wenn das Kind das passende Geschlecht hat, kann das Problem lösen. Damit Ihr Kind auch vor der Geburt unter mächtigem Schutz steht, könnten Sie durch das Los einen der Apostel, einen „Zwölfboten", zum Schutzpatron Ihres Kindes machen.

Sie wünschen sich ein schönes Kind? Essen Sie während Ihrer Schwangerschaft viele Äpfel – das hilft. Heidelbeeren sollten in der Schwangerschaft nur mit Vorsicht und vor allem in Maßen genossen werden. Jede verzehrte Beere beschert dem Kind angeblich ein Muttermal. Auch Arzneien dürfen Sie als Schwangere nicht einnehmen. Das ist nicht nur eine Erkenntnis moderner Medizin (lesen Sie die Beipacktexte der meisten Medikamente), sondern auch ein alter Volksglaube.

Eine Schwangere sollte sich vom Kindesvater ein Hemd borgen und dieses tragen, was wahrscheinlich auch schon auf Grund der Größe und des zunehmenden Bauchumfangs von Vorteil ist und Ausgaben für die Anschaffung von Umstandskleidung verringert. Doch es hat zusätzlich die Konsequenz, dass das Kind dadurch kräftig wird. Ein gesundes Kind wird der Mutter angeblich auch geschenkt werden, wenn sie während ihrer Schwangerschaft viel Hirschfleisch verzehrt.

Vermeiden Sie es, während der Schwangerschaft den Mond anzusehen. Ihr Kind wird sonst mondsüchtig oder kurzsichtig. Kriechen Sie während dieser Zeit auch auf keinen Fall in einen Backofen hinein. Ihr Kind bekommt sonst rote Haare.

Stellen Sie sich vor, Sie sind schwanger, der Schlüssel liegt in der Wohnung, Sie stehen draußen und der Wind hat die Türe zugeschlagen. Normalerweise wäre das kein Problem: Sie würden über das Balkongitter klettern oder durch das Toilettenfenster in Ihre Wohnung gelangen. Wenn Sie das allerdings als Schwangere tun, wird Ihr Kind ein Dieb – denn auf diesen Wegen gelangen auch Diebe ins Haus. Also beißen Sie in den sauren Apfel und rufen Sie den Schlüsseldienst – oder deponieren Sie stets einen Schlüssel bei der Nachbarin.

Auch wenn Sie nur ein Schloss aufsperren, kann Ihr Kind übrigens bereits ein Dieb werden, heißt es – am besten wäre es also, Sie bleiben neun Monate vor und sechs Wochen nach der Geburt zu Hause. Dabei kommen Sie auch am wenigsten in Versuchung, etwas über einen Weidenkorb zu werfen, wie es beim Abnehmen der Wäsche von der Leine leicht passieren kann – das hätte die gleichen Folgen.

Ein ausgezeichneter Schutz für eine Schwangere ist ein Adlerstein. Das ist ein Braun- oder Toneisenstein, meist rundlich und innen hohl. Oft sind in ihm Mineralien eingeschlossen, die beim Schütteln klappern – oder wie es Konrad Megenberg in seinem *Buch der Natur* formulierte: „Der stein ist rotfarb als ein margran apfel, und ist hol unnd hat ein klein stein in ihm der schlottert inwendig". Als Höhlung mit Inhalt ist er als Amulett für Schwangere geradezu prädestiniert. „Er hilft den schwangern frawen kreftiglich das ihn die geburt nit abgehe, oder das sie nit not leiden mit dem gebern", so Megenberg weiter. Während der Schwangerschaft sollten Sie ihn um den Hals hängen, während der Geburt hingegen an die linke Lende binden.

Birnen sollten Sie nicht essen, wenn Ihr Geburtstermin naht – sie erschweren die Niederkunft.

Leichter geht es hingegen, wenn Sie etwas Dill unter Ihr Kopfkissen legen oder Sie sich Eier ins Hemd legen lassen – angeblich fördert das die Sache. Wenn Sie hingegen auf Eierschalen treten, steht Ihnen eine schwere Geburt bevor. Die Niederkunft erleichtern soll es auch, wenn Ihnen eine Jungfrau 13 Korianderkörner in einem Leintüchlein an das Bein hält. Lassen Sie sich auch Pappelblätter an die Beine binden – dann sind Sie vor Muskelkrämpfen geschützt.

Das ideale Geschenk für eine werdende Mutter, die kurz vor der Entbindung steht, ist jedoch eine Jerichorose. Diese Pflanze ist keine Rose, wie der Name vermuten lässt, sondern sie wächst in der Wüste und ist im toten, getrockneten Zustand nicht mehr als ein graues, unansehnliches Knäuel. Bei uns wird sie manchmal auf Weihnachtsmärkten angeboten. Entdecken Sie ein Exemplar, schlagen Sie sofort zu. Die Jerichorose blüht nämlich auf, sobald sie in ein Schälchen mit Wasser gelegt wird, das heißt, sie entrollt ihre Blätter. Da sich dieses Aufblühen bildlich sehr schön auf das Öffnen des Muttermundes übertragen lässt und da diese Pflanze außerdem in sehr enger Beziehung zur Mutter Gottes steht, unter deren Füßen auf dem Weg durch die Wüste lauter Jerichorosen wuchsen, sollte sie bei einer Geburt genutzt werden. Lässt man sie sich im Zimmer neben einer niederkommenden Frau öffnen, erleichtert das die Geburt und lindert die Schmerzen. Auch das Wasser, in welchem sie sich öffnete, hat diese Wirkung.

Um sicher zu gehen, dass ihr Kind nicht erblindet, sollten abergläubische Mütter während der Geburt nicht die Augen schließen. Doch schauen Sie ruhig einmal kurz zum Himmel: Sind gerade Wolken am Himmel zu sehen, welche die Form von Lämmern haben, also Schäfchenwolken, wird Ihr Kind ein sehr glücklicher Mensch werden.

Wenn bei der Geburt Ihres Kindes nichts weitergeht, so achten Sie doch einmal darauf, ob jemand mit verkreuzten Beinen danebensteht. Das macht nämlich eine Geburt unmöglich. Auch über einen Besen steigen darf niemand während einer Geburt – er überschreitet damit eine magische Barriere und trägt Unglück in die Wochenstube.

Spezieller Schutz für Wöchnerinnen

Nach der Geburt müssen Sie traditionell sechs Wochen lang zu Hause bleiben – in der sechswöchigen Schutzfrist unseres Arbeitsrechts blieb dieser Glaube bis heute erhalten. Allerdings wird das heutzutage gesundheitlich begründet: Sie sollen sich in dieser Zeit schonen und auch im Haus nicht viel arbeiten. Früher galt eine Wöchnerin schlicht als unrein. Diese

Phase war erst dann vorüber, wenn sie sich einer formellen Aussegnung unterzogen hatte. Der günstigste Termin dafür war ein Sonntagnachmittag, verpönt hingegen war ein Samstag.

Diese Unreinheit der Wöchnerin hatte weit reichende Folgen für den Alltag der Betroffenen. Stellen Sie sich einmal vor, was das heißt: Wenn Sie in den 42 Tagen nach der Geburt eines Sohnes (bei Mädchen wurde die Frist vielfach verdoppelt!) über den Acker gehen, können Sie ihn dadurch verderben. Wenn Sie in dieser Zeit Wasser aus einem Brunnen schöpfen, müssen Sie etwas Salz oder ein kleines Geldstück hineinwerfen, damit er vor Verunreinigung geschützt ist. Wenn Sie ins Freie wollen, dürfen Sie nicht weiter hinaus, als die Dachtraufe reicht. Da Sie die Windeln Ihres Kindes sowieso nur unter der Dachtraufe aufhängen dürfen, damit sie durch die Macht des Daches vor Dämonen und Verzauberung geschützt sind, ist das immerhin kein Problem. Wenn Sie weiter hinaus müssen, sollten Sie unbedingt eine Schindel vom Dach oder ein Tischtuch über Ihren Kopf halten. Während dieser sechs Wochen sind Sie selbst an Leib und Seele gefährdet, weil Sie ohne den Schutz der Sakramente leben müssen – Sie dürfen ja nicht aus dem Haus zum Gottesdienst. – Träumt hier noch irgendwer von der guten alten Zeit?

Während und nach der Entbindung sollte daher der Mutter eine Männerhose aufs Bett gelegt werden. Durch diesen „Kleidertausch" werden die bösen Geister ausgetrickst, die Mutter und Kind schaden wollen und nun, durch die Hose getäuscht, glauben, lediglich einen Mann vorzufinden.

Geschützt vor allerlei Verhexung sind Mutter und Kind, wenn man vor ihrer Tür einen Besen und eine Axt gekreuzt aufstellt – sie schützen gemeinsam die Schwelle. Wird das Kind zur Taufe aus dem Haus gebracht, so soll man dabei den Besen ganz bewusst überschreiten – er stellt die Grenze zwischen der Schutzzone innerhalb des Hauses und der Außenwelt dar, in die das Kind nun gebracht wird.

Der wirksamste Schutz vor Verzauberung und Dämonen ist, wenn sich die Wöchnerin Dost unter das Kopfkissen legt. Auch unter das Bett der Wöchnerin gehören einige Kräuter, um sie zu schützen. Alternativ dazu kann man sie ihr auch in ein Bündelchen einnähen und um den Hals hängen. Baldrian, Kreuzkümmel, Teufelsdreck *(Asa foetida)*, Knoblauch, aber auch Salz, Brot, Geld und ein Stückchen Stahl sollten darin sein – also die wirksamsten Elemente zum Schutz vor Unterirdischen und Hexen und Zauber.

Ganz wichtig in diesem Zusammenhang ist: Einer abergläubischen Wöchnerin darf man keine Blumen bringen, schon gar keine Nelken, denn das sind Nägel zu ihrem Sarg.

Damit ihre Milch stets ausreichend fließt, sollte sich die Wöchnerin eine Bibernelle auf die Brust legen. Falls das nicht hilft, bitten Sie eine alte Frau, des Morgens mit einem Weizenkringel zu drei fließenden Brunnen zu gehen, ihn hinein zu tauchen, ohne zu reden, damit die Nymphen sie nicht bemerken, und ihn Ihnen dann zu bringen. Sie können sicher sein, Ihre Milch wird fließen wie das Wasser dieser Brunnen.

Vor dem Milchstau schützt es, wenn der Ehemann einen Wackerstein nimmt, damit drei Kreuze über den Brüsten seiner Frau schlägt und den Stein wieder an seinen Platz genau so zurücklegt, wie er ihn vorgefunden hat. Gegen Brustentzündungen sind Sie angeblich gefeit, wenn Sie etwas Muttermilch auf ein heißes Bügeleisen tropfen.

Beim Abstillen hilft Ihnen übrigens ein Igel. Er sollte in die Nähe von Mutter und Kind gelockt werden, am besten, indem man ihm ein gemütliches Winterquartier im Keller einrichtet. Keinesfalls aber darf man den Igel, hat man ihn erst einmal im Haus, bis ins Schlafzimmer vordringen lassen. Er steht nämlich unter dem dringenden Verdacht, die Bettfedern zu gefährlichen Hexenkreuzen zusammenzuballen, die als schädlich gelten. Abgesehen davon haben die meisten Igel so viele Flöhe, dass Sie sich selbst keinen Gefallen tun, wenn Sie diesen stachligen Genossen zu dicht an sich heranlassen.

Schutz für Neugeborene

Nach der Geburt sollten Sie Freunde und Nachbarn einladen und sie mit Kindsfuß, das ist Gebäck und Zuckerzeug, das zu diesem Anlass gereicht wird, bewirten. Es steht für alles Süße und Schöne, das Ihr Kind Ihnen gebracht hat, als es zur Welt kam.

Ein Kind, das gerade auf die Welt gekommen ist, gilt als überhaupt nicht hilfsbedürftig und schutzlos. Da es vollkommen rein und schuldlos ist, wohnen ihm starke Mächte gegen mancherlei Zauber und Krankheiten inne.

Ist Ihr Kind überdies durch einen Kaiserschnitt zur Welt gekommen, wird es sich später durch besondere Kräfte und Fähigkeiten auszeichnen. Die spektakulärste davon ist, dass dieses Kind in der Lage sein soll, Geister zu sehen und auf unerklärliche Art verborgene Schätze ausfindig machen kann.

Bis zur Taufe sind Kinder aber auch eine beliebte Beute für Geister, Unholde, Hexen und sogar den Teufel, die alle kinderlos und deshalb ganz versessen auf kleine Kinder sind. Sie müssen also immer und überall auf Ihr Kind aufpassen. Selbst die Sonne kann es auf dem Weg zur Kirche fressen, wenn Sie es nicht sorgsam hüten und einhüllen – eine wirksame Aufforderung, Babys zarte Haut zu schützen. Aktivieren Sie also jeden erdenklichen Schutz für diesen kleinen Menschen. Das beginnt bei der Wahl des Materials der Wiege: Optimal ist ein Weidenkorb, vorzugsweise aus ungeschälter Weide. Sie schützt es vor Fieber und Erkältungskrankheiten, besonders, wenn das Kind ab und zu an der Rinde knabbert. Das ist übrigens kein Aberglaube, sondern eine Wirkung der Salicylsäure, die in der Rinde der Weide (Salix) vorkommt.

Wenn Sie Ihrem Kind eine Bibel in die Wiege legen, ist es davor sicher, gegen einen Wechselbalg, also gegen das Kind einer Nixe oder eines Zwerges ausgetauscht zu werden. Auch vor Behexung und Krankheiten schützt die Heilige Schrift. Doch zur Not tut es auch ein gewöhnliches Buch. Unter das

Kissen des Kindes gelegt, schützt es vor Berufen (Verschreien) und vor Albträumen. Ein guter Schutz ist auch, wenn Sie nur den 90. Psalm oder den Anfang des Johannesevangeliums abschreiben und dem Kind um den Hals hängen. Schlagen Sie ruhig in Ihrer Bibel nach – Sie werden rasch verstehen, warum gerade diesen Texten so große magische Wirkung zugeschrieben wird.

In die Wiege gehört außerdem etwas Dost und ein Sträußchen Bittersüß *(Solanum dulcamara)* zum Schutz gegen Zauberei. Die Wiege selbst sollten Sie vor allem des Abends drehen. Damit verbinden Sie Körper und Seele des Kindes fester miteinander und verhindern, dass ein Dämon, also eine Krankheit, die Macht bekommt, sie zu trennen.

Andere wirksame Abwehrzauber, die es auch einer Mama erlauben, ab und zu ein bisschen auszuruhen, finden dichter an der Haut des Kindes statt. Ein Bad in Salzwasser soll Ihr Kind vor Verhexung und Dämonen schützen – am besten ist es, Sie baden es gleich als Neugeborenes darin. Ins Wickelband sollten Sie ein wenig Brot und Salz, ein Stück Stahl, ein rotes Band, Dost, Dorant oder Kümmel geben. Vielleicht hilft aber auch ein Kreidestrich auf der Fuge zwischen zwei Dielen im Zimmer der Wöchnerin.

Apropos Stahl: Als besonders wirksames Mittel zum Fernhalten von Übel und Gefahren galt eine geöffnete Schere. Sie ist aus Metall, und geöffnet hat sie die Form eines Kreuzes. Daher hieß es früher, man solle sie einem Kind in die Wiege, noch besser in die Windel geben. Was dabei in der Praxis herauskommen konnte, zeichnete Wilhelm Busch höchst drastisch in seiner Bildergeschichte „Der Schreihals". Seither ist dieser Schutz aus der Mode gekommen.

Wenn Sie Ihren Säugling einmal für kurze Zeit allein im Zimmer lassen müssen, lassen Sie Ihren Hund beim Kind wachen – er wird die bösen Geister von dem Kleinen fern halten.

Vermutlich wird irgendwann auch Schlaflosigkeit Ihr Problem sein. Hier könnte Ihnen folgender Tipp helfen: Das auch als „Judasohren" bekannte Fasten- oder Aschermitt-wochsgebäck in Form von Hasenlöffeln bringt süßen und ungestörten Schlaf – Ihrem Kind und somit auch Ihnen. Sie brauchen es dem Kind nur in die Wiege zu legen. Ob Sie es selbst auch essen, bleibt Ihnen überlassen.

Die Liebe des Vaters sichern Sie Ihrem Kind, indem Sie das Hemd des Vaters, das Sie während der Schwangerschaft ge-tragen haben, an Ihr Kind weitergeben, sobald es auf der Welt ist. Wenn Sie es darin einwickeln, wird es der Liebe des Vaters versichert sein.

Beruhigend ist es für jede Mutter, wenn sie anhand un-trüglicher Anzeichen erkennen kann, dass die Zukunft ihres Kindes gesichert ist. Hat ein Kind zwei Wirbel im Haar, wird ein kluger Mensch aus ihm werden. Selbst wenn es anfangs recht hässlich sein sollte – was seine Mutter ohnehin niemals bemerken würde – ist das ein gutes Zeichen: Hässliche Babys werden später sehr schön. Schreikinder und Speikinder ge-deihen trotz dieses beunruhigenden Verhaltens meist gut, und auch wenn ein Kind oft niest oder Schluckauf hat, wird es ge-sund und kräftig werden. Das Gleiche gilt beruhigenderwei-se, wenn es aus dem Bett fällt.

Man sagt, Singen und Lachen im Schlaf deute auf eine gro-ße Nähe zu Engeln und damit auf einen frühen Tod des Kin-des hin. Sollte auch Ihr Kind im Schlaf fröhlich glucksen, brauchen Sie sich jedoch keine Sorgen zu machen: Viel wahr-scheinlicher hat Ihr Kind zu seinem Schutzengel eine beson-ders innige Beziehung und wird von ihm beim Träumen zum Lachen gebracht.

Das Mützchen, das Sie dem Kleinen nähen, stricken oder auch kaufen, sollten Sie mit Spiegelchen, Türkisen, roten Schleifchen und Troddeln aus Perlen oder Münzen verschö-nern. Ihr Kind wird das Klimpern, Klirren und Glitzern auf seinem Kopf sicher lustig finden, es wird wunderhübsch da-mit aussehen und zudem noch vor den bösen Mächten be-schützt sein. Ehe Sie Ihrem Winzling seine Haube aufsetzen, blasen Sie vorher hinein – falls ein Teufel darin sitzt, wird er dadurch vertrieben.

Übrigens: Eine gebrauchte Kinderwiege darf niemals verkauft, sondern nur verschenkt oder verliehen werden. Dieser sehr soziale und schöne Brauch, der theoretisch jedem neuen Menschen dieses erste Bett auf der Welt sichert, so arm seine Eltern auch sein mögen, wird damit begründet, dass man bei einem Verkauf gemeinsam mit der Wiege das Glück aus dem Haus geben würde.

Vom Umgang mit Sterbenden und Toten

In unserer Zeit hat der Tod einen völlig absurden Charakter bekommen. In Krimis stapeln sich die Leichen, in Computerspielen wird bei frei einstellbarem Gore-Level eifrig gekillt, doch mit einem realen Toten werden wir kaum noch konfrontiert. Alte und Kranke sterben im Pflegeheim oder im Krankenhaus, werden steril entsorgt und meist nicht einmal im offenen Sarg aufgebahrt. Wir haben den natürlichen Umgang mit dem Tod verlernt, stehen ihm hilflos gegenüber und wissen auch kaum, wie wir mit dem Thema umgehen sollen, wenn wir einen Sterbenden im Haus haben. Der Aberglaube kann uns mit Regeln (wieder) helfen, nicht in völliger Tatenlosigkeit zu verzweifeln, indem er uns sagt, was zu tun ist. Manchmal mag das zunächst makaber klingen, entpuppt sich bei näherem Hinsehen jedoch oft als sehr weise.

Grausam klingt zunächst folgende Regel, die aber einen psychologisch fundierten Hintergrund hat: Sterbende darf man nicht bedauern. Das würde ihr Leiden nur vergrößern und sie können dann nicht sterben.

Der Holzwurm bzw. das klopfende Geräusch, das er bei seiner Arbeit macht, gilt als Todesomen. Insbesondere Kranke versetzt es in Angst und Schrecken, weil sie glauben, es gelte ihnen und sie müssen nun bald sterben. Wahrscheinlich ist aber eher, dass sie, auf sich gestellt und sensibilisiert allein im Bett liegend, ihn zum ersten Mal bewusst hören. Noch ein Geräusch wird als Todesbote gedeutet: das „Kiwitt" des Käuzleins – als „Komm mit" scheint es die Seele des Kranken zu rufen. Doch seine Anwesenheit am nächtlich erleuchteten Zimmerfenster ist nur eine Folge der Beleuchtung: Das Licht hinter der Scheibe lockt Insekten an, von denen sich das Käuzlein ernährt.

Einem Sterbenden sollte man niemals ein Kissen geben, das mit Hühnerfedern gefüllt ist. Er kann sonst nicht in Frieden sterben. Um ihm das Sterben zu erleichtern, sollte man seine Blumentöpfe oder seine Bierfässer im Keller verrücken.

Ist er gestorben, müssen ihm die Augen geschlossen werden, damit er niemandem nachsehen kann, der ihm dann bald ins Reich der Toten folgen müsste. Der Mund wird aus ähnlichen Gründen hochgebunden oder durch das Unterlegen einer Bibel geschlossen. So kann er nicht den Namen eines Menschen rufen, der dann ebenfalls dem Tode geweiht wäre. Um der Seele des Toten zu helfen, sich von seinem Besitz zu lösen, rühren Sie sein Mehl um, verrücken Sie seine Blumentöpfe, verhängen Sie alle Bilder und verkaufen Sie seinen Leinsamen, bei einer Frau die Hühner. So verhindern Sie wirksam, dass der Tote wiederkommt. Verhängen Sie auch alle Spiegel oder drehen Sie sie einfach zur Wand – dann kann ihn das Spiegelbild nicht festhalten. Und achten Sie darauf, dass im Dach eine Luke geöffnet ist, durch die die Seele des Toten entweichen kann. Eine schwarze Katze unter dem Aufgebahrten zwingt diesen, immer wieder zurückzukehren und als Gespenst umzugehen – vertreiben Sie also die Haustiere aus dem Sterbezimmer. Und denken Sie daran, den Vogelkäfig zu verhängen – sonst stirbt auch der Vogel des Toten.

In einem Haus, in dem ein Toter liegt, darf man nicht schlafen. Der Tote muss ständig bewacht werden, damit seine Seele nicht vom Teufel oder anderen dunklen Mächten geholt werden kann; das Wachbleiben dient aber auch dazu, die An-

gehörigen davor zu schützen, dass ihre Seelen von der des Toten mitgenommen werden. Deswegen muss auch immer ein
Licht am Bett des Leichnams brennen.

So lange ein Toter im Haus ist, darf nichts gedreht werden
– der Verstorbene wird sonst an Ort und Stelle festgehalten.
Das gilt auch für die Waschmaschine. Sie dürfen noch nicht
einmal das Essen im Topf umrühren – das bringt Ihnen traditionell die Nachbarin vorbei.

Dem Verstorbenen soll man seine besten Kleider für die
letzte Reise anziehen, einschließlich weißer Strümpfe, Hut
oder Haube und einem frischen Taschentuch.

AM OFFENEN GRAB

Beim Begräbnis muss man dem Toten alle Blumen, die ihm als
Grabspende zugedacht sind, auch mitgeben – sonst holt er sie
sich. Wer die erste Schaufel Erde wirft, wird als nächstes sterben – diese Weisheit basiert vermutlich auf Erfahrung: Meist
ist es der Ehepartner, der die erste Schaufel wirft – und gerade bei älteren Paaren ist es gar nicht so selten, dass er auch tatsächlich bald nachstirbt. Er wird es jedoch nicht deshalb tun,
weil er die erste Schaufel Erde geworfen hat. Sicherheitshalber übernimmt aber meist der Pfarrer die erste Schaufel.

Achten Sie auch einmal auf die Geräusche: Schlägt die Kir-
chenuhr, noch ehe der Sarg unter der Erde ist, so stirbt innerhalb der nächsten 30 Tage ein Verwandter, heißt es.

Etwas anderes ist das Läuten der Kirchenglocken: Es vertreibt Dämonen und ist daher bei Begräbnissen sehr beliebt.
Außerdem können Sie ihr Läuten nutzen, um Warzen zu besprechen – auch wenn Sie nicht zur Trauergemeinde gehören:
Reiben Sie Ihre Warzen, während die Glocken läuten, und
murmeln Sie dazu: „Man läutet zu der Leich', und was ich
greif, das weich', und was ich greif, nimm ab, wie der Tote im
Grab."

Regen beim Begräbnis ist ein gutes Zeichen. Wem es ins
Grab regnet, der wird selig. Er wird von den Engeln beweint.

GESUNDHEIT!

Sicherheitshalber sei hier wiederholt: Keine der folgenden Therapien will, geschweige denn kann einen Arztbesuch ersetzen. Keine der im Folgenden als Heilverfahren beschriebenen Vorgehensweisen erhebt Anspruch auf die Betrachtung als Heilverfahren im medizinischen Sinn. Wenn Sie sie ausprobieren, tun Sie das vollkommen auf eigene Gefahr. Dies ist ein Buch über Aberglauben, kein medizinischer Ratgeber.

Vorbeugendes und Akutes

Viele Krankheiten lassen sich durch vorbeugende Maßnahmen verhindern – das ist eine uralte Erkenntnis. Während man heute viele Vitamine und viel Bewegung als Garanten für ein gesundes Leben empfiehlt, so waren es früher Amulette und Beschreibändchen – Bänder, die man sich als Schutz gegen das Beschreien oder Berufen umband – oder der Genuss des Fleischs bestimmter Tiere (das Beispiel des Hirsches kennen wir bereits von den Tipps für Schwangere).

Im Kalenderteil finden Sie jene Termine, an denen es hilft, auf nüchternen Magen einen Apfel zu essen – Sie sind dann ein ganzes Jahr gegen Zahnweh geschützt.

Eine vorbeugende Maßnahme für die Augen besteht darin, Wasser zu trinken, in dem ein Beryll lag – von Beryll kommt unser Wort Brille.

Vor Fieber hingegen und gegen Flohstiche können Sie sich für ein ganzes Jahr im Voraus schützen, indem Sie vor Sonnenaufgang Blutwurst und Hirsebrei essen.

Wenn Sie sich vor dem Biss tollwütiger Hunde schützen wollen, beißen Sie sich selbst in den rechten Daumen.

Eine Blindschleiche entwickelt gute Schutzwirkung vor Trunksucht, vor Gelbsucht und vor Lungenkrankheiten. Darüber hinaus kann sie Ihrem Kind beim Zahnen helfen, wenn Sie sie ihm umhängen. Wenn Sie also eine Blindschleiche finden, ist das ein Grund zur Freude: Tragen Sie sie am besten ständig in einem Säckchen um den Hals.

WEGE DER KRANKHEITSBEKÄMPFUNG

Krankheiten sind das Werk von Dämonen. Und die muss man besiegen, will man wieder gesund werden. Dazu gibt es mehrere Strategien. Eine besteht darin, dass man weitere Dämonen aussperrt und gegen die vorhandenen Dämonen mit allen denkbaren Mitteln vorgeht.

Zu diesen gehört die Medizin der „Dreckapotheke". Sie will mit Zutaten wie Kuhmist, Kot, Urin oder Menstruationsblut von Mensch und Tier, die zu Salben, Pillen oder Klistieren verarbeitet werden, die Dämonen schlicht verekeln. Sich darüber meilenweit erhaben zu dünken, besteht jedoch kein Anlass: Heute wissen wir, dass beispielsweise durch die Verwendung von Eigenurin durchaus therapeutische Effekte erzielt werden können – auch hier entbehrt der Aberglaube also nicht einer breiten Erfahrungsgrundlage.

Ein klassisches Heilverfahren ist das Besprechen. Es muss unentgeltlich stattfinden und unter Beachtung zahlreicher Vorsichtsmaßnahmen – zu denen auch das Stillschweigen gehört. Es wird vor allem bei Warzen, Hautausschlägen und Blutungen angewandt. Zum Besprechen gehören das Auflegen der Hand und meist auch das Bestreichen der betroffenen Stellen mit Speichel. Es kann auch wie Reiki aus der Ferne stattfinden und setzt die Verwendung des korrekten Taufnamens voraus. Hinter diesem Heilverfahren steht viel Wissen, das heute von der psychosomatischen Medizin wieder eingesetzt wird: Die Zuwendung selbst und die Autosuggestion mobilisieren die Selbstheilungskräfte im Körper des Kranken. Und analog zur Eigenurintherapie bestreicht der Kranke beim Besprechen die betroffenen Stellen mit seinem eigenen Speichel (denn der enthält die passenden Abwehrstoffe – nicht der des Therapeuten).

Der Analogiezauber, der modifiziert in der Homöopathie wiedergekehrt ist, geht davon aus, dass Gleiches mit Gleichem behandelt werden sollte, das heißt, ein herzförmiges Blatt hilft gegen Herzbeschwerden, eine gelbe Blume heilt Gelbsucht, ein roter Stein hilft gegen Blutungen …

Ein weiteres Heilverfahren besteht darin, jedwede Krankheit auf einen Baum zu übertragen. Es könnte allerdings sein, dass er die Geschichte nicht überlebt. Wählen Sie also den Baum sorgsam aus, an dem Sie Ihre Krankheiten anbinden wollen oder in den Sie sie hineinkeilen oder verpflocken wollen. Besonders geeignet sind gespaltene Bäume. An die können Sie die Krankheit ganz leicht abstreifen, indem Sie hindurchkriechen. Doch Vorsicht! Ihr Schicksal ist danach untrennbar mit dem des Baumes verbunden. Suchen Sie sich also zu Heilzwecken möglichst keinen Alleebaum aus, bei dem die Gefahr besteht, dass er demnächst einem betrunkenen Autofahrer oder einer Straßenbaumaßnahme zum Opfer fällt – denn stirbt der Baum, so sterben auch Sie. Falls Sie allerdings vorher sterben, fährt Ihre Seele in den Baum. Wenn dieser Baum nun zum Schiffbau verwendet wird, so hat Ihre Seele noch eine bewegte Zukunft vor sich: Sie spukt dann als Klabautermann auf diesem Schiff.

Heilsegen kennen Sie sicher auch. Sie sind am wirksamsten, wenn sie gereimt sind (wie das berühmte „Heile, heile Segen, drei Tage Regen, drei Tage Mäusespeck, ist der Schmerz bald wieder weg."). Ein anderer Heilsegen ist die Zauberformel „Habere, dabere, sachere". Sie hilft bei allen Krankheiten, wenn sie dem Patienten in beruhigender Form vorgemurmelt wird. Ihre volle Wirkung entfaltet sie jedoch erst, wenn sie eingeritzt in Speisen gegessen wird, bevorzugt in Brot, Mandelkernen (hierfür benötigen Sie wieder Ihre in der Schule für Schummelzettel geübte Fähigkeit, klitzeklein zu schreiben!) und Käse. Die Bedeutung der drei Worte ist vielleicht sinngemäß „haben, weggehen, unverletzlich machen". Falls Sie „Habere, dabere, sachere" auf der Mandel beim besten Willen nicht unterbringen, versuchen Sie es mit „Hax, Pax, Max". Das ist zwar kürzer, aber ebenso kraftvoll.

Zum Auswaschen von Wunden und zum Baden von Kranken ist übrigens die Zeit der Ebbe die beste Zeit – das weichende Wasser nimmt gleichsam die Krankheit mit fort. Besorgen Sie sich also beizeiten einen Gezeitenkalender – Sie finden ihn übrigens auch im Internet, und zwar unter der Adresse: www.bsh.de/Meereskunde/Gezeiten/805.htm.

Von Aderlass bis Zahnschmerzen

Hier nun Tipps aus der Welt des Aberglaubens zu einigen Krankheiten und Leiden in alphabetischer Reihenfolge. Bitte beachten Sie dabei stets: Es sind Tipps aus der Welt des Aberglaubens – auch wenn sie ernsthaft vorgebracht werden!

ADERLASS

Gegen Depressionen, zur Normalisierung des Blutdrucks und zur Steigerung der Lebenskraft hilft der gute alte Aderlass. Man darf ihn in jedem Monat an den sechs Tagen nach Vollmond durchführen, ferner am 3. Februar, dem 1. Mai, dem 24. August und dem 11. November, nicht jedoch an Andreas. Damit man bald wieder rote Wangen bekommt, gießt man das Blut unter einen rot blühenden Rosenstock. Vorbeugend gegen das Eitern der Wunde hilft es, wenn man das abgezapfte Blut in fließendes Wasser gießt.

AUGENENTZÜNDUNGEN

Augenentzündungen heilen schneller, wenn man sie mit dem Wasser geschmolzener Hagelkörner spült. Ein Absud aus Katzenpfötchen *(Antennaria dioica)* erhöht die Heilkraft.

BEULEN

Beulen vergehen, wenn Sie sie mit einem Geldstück, einem breiten Messer oder einem Schlüsselbart drücken (nicht etwa einen Eisbeutel auflegen – der kühlt zwar auch, hat aber nicht die magische Wirkung des Metalls!). Noch besser ist es, wenn Sie das Messer dreimal kreuzweise auf die Beule legen (damit berühren Sie sie sechsmal mit einer kühlen Stelle und haben noch dazu die Symbolik des Kreuzes auf Ihrer Seite) und dazu auf die Erde spucken.

BIENENSTICH

Nicht lachen! Der Stachel bleibt sonst stecken! Vermischen Sie lieber ein wenig Erde mit Speichel und schmieren Sie sie auf den Stich. Auch Tabaksaft, ein Kuhfladen oder die zerquetschte Biene selbst sind Hausmittel gegen Bienenstiche.

BISSWUNDEN

Bei einem Schlangenbiss wirkt ein Hering entgiftend. Dazu müssen Sie seinen Leib teilen und den aufgeschnittenen kalten Körper über die Bisswunde legen. Auch bei einem Hundebiss schützt diese Methode vor der Ansteckung mit Tollwut.

Ansonsten empfiehlt es sich bei einem Hundebiss, schnell die Worte „Hax, Pax, Max" auf ein Blatt Papier zu schreiben und herunterzuschlucken. Noch besser als Papier wären Hostien – aber wer trägt die schon beim Spaziergang mit sich herum? Zum Problem der Hostien siehe auch Seite 76.

Bei Schlangenbissen soll man Hirschtalg verwenden.

BLEICHSUCHT

Sie betrifft hauptsächlich Frauen – wenn man dem Aberglauben glauben darf. Dagegen gibt es einige Hilfsmittel: Schneiden Sie ein Rasenstück aus, urinieren Sie in das Erdreich darunter und setzen Sie es wieder ein. So wie die Pflanzen über Ihrem Urin blühen und gedeihen, so werden auch Sie blühen und gedeihen. Alternativ dazu können Sie sich einen Toten-knochen unters Bett legen lassen, oder Sie lassen sich von ei-nem gesunden Menschen ins Gesicht spucken.

BLUTUNGEN

Bei Nasenbluten binden Sie ein Stück Zwirn, das ist dickeres weißes Baumwollnähgarn, an den kleinen Finger der linken Hand – das Nasenbluten hört auf.

Gegen sonstige Blutungen hilft Blutstein (Hämatit), den man in der rechten Hand hält oder in pulverisierter Form ein-nimmt.

Sollten Sie Ihr Taschenmesser bei sich tragen, lassen Sie es in einer solchen Situation von einer Tasche in die andere wan-dern – das wirkt der Blutung entgegen. Eine andere Möglich-keit besteht darin, zwei Strohhalme übers Kreuz zu legen und etwas Blut darauf tropfen zu lassen.

Sie können auch versuchen, die Blutung zu stillen, indem Sie ein Stück Hasenfell darauf legen. Reicht das nicht, so soll-ten Sie ein wenig davon einnehmen. Besonders wenn die Blu-tung auf einer Darmverletzung beruht, hat diese Methode an-geblich Erfolg.

Zum Stillen von fließendem Blut können Sie auch eine Be-schwörung verwenden, in der Sie die vier Flüsse des Paradie-ses – Euphrat und Tigris, Nil und Ganges – anrufen.

BRANDWUNDEN

Bei Brandwunden – und dies ist kein Aberglaube – hilft Küh-lung, Kühlung, Kühlung, dann Lavendelöl und vermutlich weitere Kühlung, weil die Verbrennung die unangenehme Ei-genschaft hat, sich weiter nach unten ins Gewebe auszubrei-ten. Nicht nur Lavendelöl, auch Hasenfett stellt angeblich ei-ne gute Salbe gegen Brandwunden dar.

Der Aberglaube legt noch ein Schäuflein drauf: Bei Brand-wunden soll man zunächst einen Heilsegen sprechen, und um ihn zu verstärken, mit dem Finger auf die Wunde drücken.

Brustkrankheiten

Brustkranke Kinder sollen dreimal unter einem Hengst durchkriechen – dann werden sie gesund.

Epilepsie

Bei Epilepsie und Nervenschwäche hilft Ziest *(Betonica officinalis)*. Er heißt auch Zehrkraut. Antonius Musa, der Leibarzt des Kaisers Augustus, hielt auf Ziest große Stücke, und noch heute gilt der Ziest in Italien als besonders wirksame Heilpflanze.

Gegen die Fallsucht hilft auch ein mit Kümmel gefüllter Dohlenmagen. Doch ist es seit jeher nicht so leicht, an den Magen der Dohlen heranzukommen, denn Dohlen verstehen die Sprache der Menschen – viele von ihnen sind verzauberte Hexen. Achten Sie also auf strengstes Stillschweigen, wenn Sie vorhaben sollten, auf Dohlenfang zu gehen.

Der römische Naturkundler Plinius wiederum empfahl, gegen Epilepsie ein Schwalbenherz zu essen.

Recht makaber ist das folgende Hilfsmittel, das hier nur der Vollständigkeit halber vorgestellt sei: Das Blut eines Hingerichteten soll bei Epilepsie eine phänomenale Wirkung haben, auch wenn es nur mit dem Taschentuch aufgefangen wird. Doch die solcherart Beraubten und Verstümmelten belieben ihren Schändern des öfteren in der Nacht zu erscheinen, wobei sie ihr Haupt unter dem Arm tragen, damit auch noch herumkegeln und anklagend auf den roten Ring um ihren kopflosen Hals deuten. Dabei fordern sie zurück, was ihnen genommen wurde. Vielleicht hat die moderne Medizin bei Epilepsie doch harmlosere Hilfsmittel anzubieten?

Fieber

Gegen Fieber hilft besonders das Beschwören der Krankheit mit dem Beginn des Johannesevangeliums. Allerdings ist dieses Verfahren nicht ganz ungefährlich, denn der Beschwörende muss dazu frei von Sünden sein.

Vielleicht ist es sicherer, wenn der Fieberkranke eine Handvoll Buchweizen zwischen den Händen schüttelt und ausstreut. Wenn die Samen aufgehen, weicht sein Fieber – besonders Erfolg versprechend ist diese Therapie nach den Eisheiligen, optimal an Urbani oder am Sieben-Schläfer-Tag.

Ist er dafür zu schwach, geben Sie ihm einen „Conzeptionszettel" zu essen: Schreiben Sie auf einen Zettel den Text: „Conceptio Immaculata Beatae Mariae Virginis" (das heißt: „Unbefleckte Empfängnis der seligen Jungfrau Maria", aber Sie wissen ja: Der Text ist nicht das wichtige dabei), und geben Sie ihn dem Kranken zerschnitten zu essen. Alternativ soll es helfen, den Conzeptionszettel in Wein zu tauchen und diesen Wein dem Fiebernden zu trinken zu geben.

GICHT

Gegen die Gicht schützt nicht nur, eine Rosskastanie in der Hosentasche zu haben, sondern auch, eine Kartoffel auf der Haut zu tragen – sie muss aber erbettelt sein. Schmerzende Stellen reiben Sie mit dem Schmalz des Pelikans ein. Woher Sie das bekommen, ist jedoch nicht überliefert. Zu den eher makabren Tipps gehört, gegen Gicht Brot zu essen, das in Armesünderblut getaucht wurde. – Bleiben Sie bei der Kastanie!

HÄMORRHOIDEN

Wer unter Hämorrhoiden leidet, wird bereit sein, einiges dafür zu tun. Einen Raben zu töten, dessen Blut helfen soll, gehört vielleicht doch nicht dazu. Ein unblutigere Variante und nicht weniger wirksam ist das Bestreichen der wunden Stellen mit Tauwasser, das kurz vor Sonnenaufgang in Nächten mit abnehmendem Mond gesammelt werden muss.

HALSSCHMERZEN UND HEISERKEIT

Gegen Halsschmerzen wird direkt an Ort und Stelle vorgegangen. Trinken Sie Wasser, in dem ein Beryll lag, oder binden Sie sich ein rotes Band um den Hals. Sie müssen es aber schweigend tun und dürfen sich auch für das Band nicht bedanken, wenn Sie es von einer anderen Person erhalten. Auch ein blaues Bändchen um den Hals wirkt vorbeugend und heilend, ebenso Halsbänder aus Edelmetall.

Sie können sich auch einen Hering um den Hals binden – was aber natürlich nur möglich ist, wenn Sie das Haus nicht verlassen müssen –, oder Sie können drei Palmkätzchen aus dem Palm hinunterschlucken (vielleicht helfen diese, weil sie so schön weich sind und den Hals von innen streicheln).

Besonders geeignet scheint auch ein Halstuch zu sein. In Ihrer Lieblingsfarbe gewählt, hebt es außerdem Ihre Stimmung und schafft so zusätzliche gute Energien.

Aus der Dreckapotheke stammt folgendes Mittel: Hühnerkot, mit Kampfer gemischt, lindert angeblich Halsweh und Heiserkeit.

Prophylaktisch wird auch empfohlen, am 3. Februar den Blasiussegen in der Kirche entgegenzunehmen, der ein ganzes Jahr vor Halsschmerzen schützen soll.

Früher erklärte man auftretende Heiserkeit damit, dass das Zäpfchen heruntergefallen sei. Dementsprechend kurios sind die Vorschläge zur Behandlung. Dem Heiseren wird geraten, beim ersten Froschquaken tüchtig mitzuschreien oder einen linken oder auf links gedrehten Strumpf um den Hals zu wickeln, um die Bewegung des Zäpfchens wieder rückgängig zu machen. Auch bei der Tür hinauszuspucken und schnell zurückzugehen, ohne sich umzudrehen, soll helfen. Vielleicht verfolgt diese Kur eine ähnliche Strategie wie die unzähligen Maßnahmen gegen Schluckauf – sie dienen der Ablenkung, sind aber trotzdem erstaunlich oft von Erfolg gekrönt. Also, probieren Sie es aus!

Hautkrankheiten und Wunden

Gegen rissige und entzündete Hände, wehe Füße und geschwollene Beine hilft heißes Pech, das man auf die betroffenen Stellen aufträgt. Zur Not tut es auch Hirschtalg.

Als eine besonders gute Heilsalbe galt der Darminhalt von Hühnern – viele von uns kennen noch den zugehörigen Heilsegen: „Heile, heile Hühnerdreck, bis morgen früh ist alles weg." Auch das Fett von Hühnern heilt Wunden, Hautausschläge und Infektionen.

Wenn Sie das nächste Mal einen Hasen braten, heben Sie etwas von seinem Blut auf: Hasenblut hilft angeblich gegen Hautkrankheiten, die Ruhr und Durchfall.

Honig gilt als Allheilmittel, besondere Verwendung findet er jedoch bei den Arzneimitteln, welche die Wundheilung beschleunigen. Vielfach wird auch heute noch Betroffenen geraten, beim ersten Jucken von Herpes-Bläschen an der Lippe Honig darauf zu schmieren.

HERZSCHMERZEN

Bereits mit einem symbolisch dargestellten Herzen, beispielsweise in Teig geformt und gebacken, kann ein Bösewicht viel Schaden anrichten. Durchbohrt er etwa das selbstgemachte Herz, wird jenes echte Herz, für das es steht, Schmerzen erleiden – denken Sie nur an den Voodoozauber.

Wenn Sie also einmal das Herz stechen sollte, denken Sie darüber nach, wer Ihnen Übles wünschen könnte. Schicken Sie ihm sogleich einige liebe Gedanken, und das Stechen wird aufhören. Wenn es das nicht tut, gehen Sie zum Arzt.

HEXENSCHUSS

Hexenschuss und Seitenstechen brechen scheinbar aus heiterem Himmel hervor. Sie sind gewiss die Folge davon, dass jemand Sie schadbringend verhext oder mit einer unbedachten Bemerkung Ihr Glück beschrien hat.

In einem solchen Fall hilft es, dem Übeltäter diesen Verdacht direkt ins Gesicht zu sagen – dann verliert der Spruch seine Macht –, geeignete Zauberformeln zu murmeln oder in einem Absud aus Berufkraut (Blaue Dürrwurz, *Erigeron acer*) zu baden.

HINKEN

Gegen das Hinken sollten Sie den hl. Claudius anrufen und das verletzte Bein schonen. Wenn Sie sich oft sportlich betätigen, versichern Sie sich sinnvollerweise schon vorbeugend der Gunst des Heiligen, dann passiert erst gar nichts.

HÜHNERAUGEN

Streichen Sie über Ihre Hühneraugen mit Bohnenblättern, dann verschwinden sie. Oder binden Sie in den 14 Tagen ab Vollmond jede Nacht eine Scheibe Knoblauch auf Ihr Hühnerauge – nach zwei Wochen ist es angeblich verschwunden.

HUSTEN UND KEUCHHUSTEN

Der Husten war so gefürchtet, dass er als Krankheitsdämon schlechthin personifiziert wurde. Schutz vor diesem bösen Geist soll eine Adlerzunge bieten, die Sie sich um den Hals hängen. Praktikabler und mindestens ebenso wirksam ist es, bei der Türe hinauszuspucken und den linken Arm herabhängen zu lassen. Auch geräuchertes oder gelöstes Harz hilft gegen Husten und Asthma – in letzterem Fall sollte man es mit den Räucherungen aber besser nicht übertreiben.

Gegen Keuchhusten hilft es, in den Schweinetrog zu beißen. Es muss allerdings vor Sonnenaufgang und schweigend geschehen.

KNOCHENBRÜCHE

Schienen Sie außer dem eigenen gebrochenen Bein auch das gebrochene Bein eines Stuhles und stellen Sie ihn mit dem reparierten Bein als Vorbild für Ihr Bein in die Ecke. Oder blasen Sie das geschiente Bein an und besprechen Sie es (zum Beispiel mit dem guten alten „Heile, heile Segen, drei Tage Regen, drei Tage Sonnenschein, wird's bald wieder besser sein.") – das fördert die Heilung.

Ein Kind mit gebrochenem Knochen zieht man durch einen zu diesem Zwecke gespaltenen Baum und verbindet den

Baum anschließend mit einem Kleidungsstück des Kindes. Wie der Baum, so wächst auch der Knochen des Kindes wieder zusammen.

Weniger aufwendig, aber angeblich ebenso Erfolg versprechend, ist folgendes Verfahren: Sie nehmen einen Krötenstein, das ist ein Echenit (versteinerter Seeigel), und binden ihn in einem Verband um die gebrochene Stelle. Die Knochen werden dann ohne Komplikationen und ohne Schmerzen heilen.

KOPFSCHMERZEN

Schauen Sie zunächst, wo der Mond steht. Steht er im Zeichen Widder, so verschwinden sie ganz von selbst, sobald er in das Tierkreiszeichen Stier weitergewandert ist.

Um Kopfschmerzen zu lindern, verzichten Sie auf Kaffee und auf Schokolade, und trinken Sie viel Wasser – mindestens zweieinhalb Liter am Tag. Das gilt auch, wenn der Mond nicht im Widder steht, und ist eigentlich kein Aberglaube. Als Aberglaube gilt es dagegen, sich zusätzlich eine Bernsteinkette umzuhängen, Niespulver zu verwenden, warme Fußbäder zu genießen oder Zitronenscheiben aufzulegen.

Makaber klingt das Rezept, den Schädel eines Verstorbenen über seinen eigenen zu legen. Der Kopfschmerz wandert dann in jenen – angeblich ein sehr zuverlässiges Verfahren.

Für Kopfschmerzen zeichnen grundsätzlich Hexen, die Süßigkeiten besprechen, und Elben verantwortlich, aber auch der böse Blick kann sie verursachen. Hilfreich und zuständig für dieses Leiden sind die Heiligen Pantaleon, Athanasius, Makarius und Quirinius, die Sie um Linderung bitten dürfen. Ebenfalls hilfreich sind Waschungen mit Osterwasser.

Bei richtigen Migräneattacken jedoch sollten Sie es mit einem Kopfschmerzsegen versuchen. Anregungen dazu sind folgende: „Hirn, verschließe dich, wie Maria ihren Leib verschlossen hat vor ihrem Mann." – oder: „Im Namen Jesu! Moses schlug mit seinem Stab in das Meer, und so wie sich das

Wasser zerteilte, sollen sich auch diese Schmerzen im Kopf zerteilen!" Auch Männerhemden sind ein vorzügliches Heilmittel gegen Kopfweh, besonders gegen Kopfschmerzen von Frauen. Das Hemd sollte alt und oft getragen sein und der Leidenden um den Kopf gewickelt werden.

POCKEN

Infektionskrankheiten waren die Geißel der Menschheit – jahrhundertelang. Die Pocken oder auch Blattern gehörten zu den gefährlichsten. Sie kosteten auch mehreren Kindern Maria Theresias das Leben. Da sie mit heftigen schnupfenähnlichen Symptomen beginnen, sagt man bis heute „Helf Gott!", wenn jemand niest und wünscht ihm „Gesundheit!". Sollte diese Krankheit ausbrechen, legen Sie rasch aufgeschnittene Zwiebeln und Knoblauchzehen in das Krankenzimmer, oder legen Sie eine Sperrkette unters Bett, damit diese das Gift anzieht. Falls Sie in den Bergen wohnen, könnten Sie auch nach Edelraute *(Artemisia laxa)* suchen und diese als Heilmittel einsetzen.

RACHITIS

Gegen Rachitis soll man ein dreimal drei Tage getragenes Kinderhemd vergraben.

RHEUMA

Wer an Rheuma leidet, soll ein weibliches Eichhörnchen mit ins Bett nehmen. Zähmen Sie also beizeiten eines dieser possierlichen Tierchen aus dem nächsten Park.

Rheumatismus heilt angeblich auch der Verzehr mehrerer Hirschkäfer – je mehr es sind, desto besser: Früher war man froh um jeden dieser gefährlichen Käfer weniger, mit dem man seinen Lebensraum teilen musste. Der Hirschkäfer stand nämlich im Verdacht, mit seinen Zangen glühende Kohlen zu packen und die Häuser damit in Brand zu setzen. Auch bei Wassersucht und Ohrenschmerzen hilft dieses Mittel.

SCHLUCKAUF

Um hartnäckigen Schluckauf zu stoppen, soll man sich eine Wimper auszupfen. Oder erbetteln Sie sich drei Schluck Wein und trinken Sie diese langsam und ohne dazwischen Luft zu holen oder zu sprechen. Etwas moderner mutet der Ratschlag an, eine Olive mit der Zunge aus einem Martini zu fischen.

ÜBERBEINE (HALLUX VALGUS)

Gegen Überbeine hilft es, den Stab eines Bettlers zu berühren oder aus geschossenem Wild die Kugeln herauszuschneiden, flach zu klopfen und damit die Überbeine flach zu pressen.

UNTERLEIBSERKRANKUNGEN

Legen Sie sich in der Nähe eines Gewässers mit offenem Mund zum Schlafen hin. Ihre Gebärmutter wird in Gestalt einer Kröte aus Ihrem Mund hinauswandern, im nahen Bach oder Teich baden und auf dem gleichen Weg in Ihren Körper zurückkehren. Wenn das Bad geholfen hat, sollten Sie in der nächsten Kapelle eine eiserne Kröte stiften (wie schon viele Menschen vor Ihnen) – oder dem hl. Valentin eine wächserne Kröte weihen.

Gegen Syphilis soll es angeblich helfen, Bier zu trinken – böse Zungen behaupten, dass das deshalb hilft, weil bei Männern nach Genuss von genug Bier keinerlei sexuelles Interesse mehr vorhanden ist.

WARZEN

Besprechen Sie sie bei abnehmendem Mond. Sie verschwinden wie die Mondsichel am Himmel. Oder besprechen Sie sie bei einem Leichenbegängnis. Sie verschwinden wie die Leiche im Grab. Oder reiben Sie sie bei Vollmond mit einer Speckschwarte ein und vergraben Sie diese im Garten. Sie vergehen wie der Speck. Oder reiben Sie Ihre Warzen mit Bohnen ein.

Eine Therapie, von der entschieden abzuraten ist, besteht darin, Warzen mit Bleiweiß einzustreichen. Bleiweiß verätzt die Haut – bei Warzen möglicherweise eine angestrebte Wirkung. Doch es ist außerdem auch giftig, und so tun Sie sich insgesamt nichts Gutes. Versuchen Sie es lieber mit Blut, das hilft angeblich ebenso gut.

ZAHNSCHMERZEN

Genauso groß wie die Intensität von Zahnschmerzen ist die Zahl der dagegen empfohlenen Behandlungen. Zur Vorbeugung sollten Sie jeden auf dem Rücken liegenden Käfer, dem Sie begegnen, umdrehen, das schützt vor Zahnweh.

Beim Abtrocknen trocknen Sie erst die Hände, dann das Gesicht ab – das hilft. Auch die Asche von Zeitungspapier, eingenommen, hilft angeblich gegen Zahnschmerzen.

Empfehlenswerter ist es, „auf einen Nagel zu beißen" – doch lassen Sie die Werkzeugkiste im Schrank. Hier ist eine Gewürznelke gemeint. Und die hilft bei Zahnschmerzen tatsächlich – nicht nur im Aberglauben.

Interessant, wenn auch Aberglaube, ist folgender Rat: Berühren Sie den schmerzenden Zahn mit einem rostigen Nagel und schlagen Sie diesen im Namen der heiligen Dreifaltigkeit in eine Tür ein. Auch ein Zahnstocher aus einem Baum, der vom Blitz getroffen wurde, soll gegen Zahnschmerzen helfen. Und tragen Sie gegen Zahnschmerzen eine Bernsteinkette. Kindern erleichtert sie angeblich das Zahnen. Nicht ganz ungefährlich, aber schon seit babylonischer Zeit bekannt, ist der Einsatz von Bilsenkraut gegen Zahnschmerzen. Eine eher skurrile Form des Schutzes vor Zahnschmerzen besteht darin, einer Leiche einen Zahn auszubeißen und diesen mit sich zu tragen oder ihn gegen den eigenen schmerzenden Zahn zu drücken. Auch die Zähne eines Hasen, aufgefädelt um den Hals getragen, helfen gegen Zahnschmerzen – vorwiegend vorbeugend. Die sprichwörtliche Schärfe der Schneidezähne dieses Nagers soll Ihren eigenen Zähnen zum Vorbild dienen.

Gegen Zahnschmerzen helfen auch Haifischhirn und Haifischfett. Doch sollten Sie schon einmal die Möglichkeit haben, einen Haifischkadaver auszuschlachten, so sichern Sie sich auch gleich einen Zahn. In Silber gefasst und als Talisman getragen, bewahrt er Sie vor allen erdenklichen Übeln.

Gegen Fieber und Zahnschmerz hilft es, wenn Sie „Abracadabra" als Schwindeformel aufschreiben (siehe Seite 15) und sich das Blatt in einem Leinenbeutelchen um den Hals hängen. Dieses Mittel ist seit der Zeit der Römer bezeugt. Etwas neuer ist die Variante mit dem weniger fremdartigen, doch immer noch hinreichend schwer abzuschreibenden Wort „Christbaumschmuck".

Auch Männerhemden sind ein vorzügliches Heilmittel gegen Zahnschmerzen. Wickeln Sie einfach ein altes, häufig getragenes Hemd um den Kopf des oder der Kranken.

Bei Zahnschmerzen können Sie sich auch mit einem Hufnagel den schmerzenden Zahn blutig stechen und den blutbesudelten Nagel danach in einen Baum schlagen, wobei Sie die Zauberformel „Hax, Pax, Max" sprechen müssen. Vielleicht sollten Sie aber doch besser in Erwägung ziehen, einen Zahnarzt aufzusuchen.

Verhaltenskodex für Kranke

Wenn Sie eine Arznei erhalten, dürfen Sie sich nicht bedanken! Eine wichtige Regel für den Umgang mit Arzneien lautet: Der Kranke darf über seine Arznei nichts wissen, sonst hilft sie nicht. Diese Regel würden wir heute nicht mehr unterschreiben, denn sie verhindert die seelische Mitarbeit des Kranken am Heilungsprozess. In der Welt des Aberglaubens aber wirken Arzneien vor allem magisch und geheimnisvoll.

Zum Schutz des Krankenzimmers sollte man vor der Tür einen Besen und eine Axt gekreuzt aufstellen. Wenn man das Bett des Kranken täglich im Kreis dreht, verstärkt das die Verbindung von Körper und Seele – und hält zugleich die Krankheitsdämonen fern.

DER BLICK IN DIE ZUKUNFT

Viele Dinge oder Geschehnisse verkündigen Zukünftiges. Wenn sich beispielsweise Gegenstände von selbst bewegen – wie ein Spiegel oder ein Bild an der Wand –, so ist das ein schlechtes Omen. Bewegt sich gar der Türkranz von selbst, der doch nun wirklich mit seiner ganzen Fläche an der Tür aufliegt, so stirbt gewiss bald jemand im Haus. Doch manchmal möchte man auf eine ganz bestimmte Frage eine Antwort haben. Vor allem die Frage nach dem zukünftigen Ehepartner beschäftigte seit jeher junge Mädchen. Antworten darauf geben verschiedene Orakelformen.

ORAKEL

Das *Horch*-Orakel ist eine besonders einfache Form, sich eine Antwort zu holen. Geräusche, die man durch intensives Hinhorchen zu bestimmten Stunden und an besonderen Orten vernahm, erhalten dabei Orakelcharakter. Die Nacht, besonders die Christ-, Walpurgis- und Andreasnacht, ist eine günstige Zeit, um die Zukunft zu befragen, denn in der Stille sind Hundegebell oder Hühnergackern unmissverständlich deutbar. Als geeignete Orte zum Horchen gelten das Hausdach, der Brunnen, der Stall oder die Bienenkörbe. Sie müssen sich zuvor eine Frage stellen und für sich festlegen, ob beispielsweise Hundegebell „Ja" oder „Nein" bedeuten soll.

Wenn Sie sich fürchten, des Nachts allein auf dem Hausdach zu sitzen, dürfen Sie auch jemanden mitnehmen, mit dem Sie dann Rücken an Rücken und am besten auf einem Kalbsfell sitzen sollten, ohne jedoch ein Wort miteinander zu wechseln. Es ist oberstes Gebot, beim Horchen absolutes Stillschweigen zu bewahren. Außerdem dürfen Sie sich nicht umdrehen und unter keinen Umständen davonlaufen.

Es soll auch funktionieren, wenn Sie mit einer bestimmten Frage auf dem Herzen unter ein fremdes Fenster treten und den Gesprächen der Bewohner lauschen. Das erste vernommene „Ja" bzw. „Nein" ist die Antwort auf Ihre Frage.

Das Horchen wird speziell bei Liebes- und Hochzeitsfragen geübt, und es ist auch üblich und gestattet, ein bisschen nachzuhelfen, um das ersehnte Geräusch zu erzeugen. So ist Zaunrütteln das Mittel der Wahl, um einen schlafenden Hund zu wecken und zum Bellen zu bringen, es muss aber dreimal geschehen, und der Zaun sollte ein Grenzzaun und/oder aus Haselholz sein.

Das *Wasser*, versteht man es richtig zu deuten, ist ein vorzügliches Weissagungselement. Die Kunst, Wasserbewegungen und Geräusche, die das Wasser erzeugt, wie Glucksen, Rauschen und Brodeln, sowie Spiegelungen, die im Wasser zu erkennen sind, zu interpretieren und daraus Schlüsse für die Zukunft zu ziehen, nennt man *Hydromantie*. Leider hat sich wenig davon in unsere Zeit hinüber retten können, und es ist darum nicht möglich, eine genaue Anleitung zu geben, wie man bei der Befragung dieses Mediums vorzugehen hat. Vielleicht setzen Sie sich einfach in einer stillen Stunde an ein ruhiges, still plätscherndes, glitzerndes Gewässer und denken über Ihr Leben und die Fragen, die dieses immer wieder aufs Neue aufwirft, nach. Es ist durchaus denkbar, dass Ihnen das Wasser dabei helfen kann, Klarheit zu gewinnen.

Vorhersagen lassen sich auch mit Hilfe von Figuren machen, die in Wasser gegossenes Öl, Wachs, Blei oder Eiweiß annimmt. Die Regeln hierfür sind aus der lebendig gebliebenen Sitte, zu Silvester Blei zu gießen, noch immer recht gut bekannt.

Sicherheitshalber können Sie an Ihr Gewässer eine Angel mitnehmen, denn versagt Ihnen das Wasser wider Erwarten den Orakelspruch, sollten Sie es noch mit der *Ichthyomantie* versuchen, das ist die Wahrsagerei mit Hilfe von Fischen. Die Eingeweide der Fische ermöglichen Ihnen, in die Zukunft zu schauen, aber auch das Verhalten der Fische lässt Schlüsse zu. Springen, plätschern oder „schmatzen" die Fische, kommt ein Unwetter oder es steht ein Todesfall bevor. Entdeckt man in einem Fischweiher nahe einem Kloster einen Fisch, der leblos an der Oberfläche treibt, dann ist wohl gerade ein Mönch gestorben. Wenn Sie hintereinander mehrere außergewöhnlich große Exemplare einer Fischart aus dem Wasser ziehen, wird der Besitzer des Sees wohl bald das Zeitliche segnen. Träumen Sie hingegen von einem Fisch, ist zu befürchten, dass ein Familienmitglied sterben wird.

Ein zuverlässiges Orakel, das anzeigt, ob Sie sich der Liebe des Geliebten sicher sein können, bietet neben dem Gänseblümchen oder der Margerite auch das *Habichtskraut*, ein kleiner Korbblütler, der auch unter dem Namen Mausöhrlein, Nagelkraut oder Katzenpfötchen bekannt ist. Ihm werden aber im Unterschied zum „Wiesenstern" nicht die Blütenblätter abgezupft, sondern er wird in einem Stofftaschentuch gepresst. Zeigt sich ein Tropfen roter Flüssigkeit, so bedeutet dieser „Blutstropfen" Glück und dass Sie geliebt werden.

Sollten Sie noch Jungfrau sein und wissen wollen, ob der Mann Ihres Herzens Sie auch wirklich liebt, bevor Sie sich mit ihm einlassen, können zwei Samenkapseln der *Kornblume* Aufschluss geben, die Sie sich in den Ausschnitt stecken. Nur wenn beide keimen, erwidert er Ihre Gefühle – außerdem sollten beide lang auswachsen. Ist das nämlich nicht der Fall, verflüchtigt sich die Liebe bald wieder.

WOHER KOMMT DER ZUKÜNFTIGE?

Aus welcher Richtung der Ihrige kommt, erfahren Sie, wenn Sie in der Andreasnacht unter einem Birnbaum kniend an einem Astloch horchen. Aus der Richtung, aus der jetzt ein Hund bellt, wird der Zukünftige kommen. (Sorgen Sie beizeiten dafür, dass Holzzäune unter Birnbäumen nicht repariert werden …) Wenn kein Hund gebellt hat, versuchen Sie ein paar Wochen später etwas anderes: Setzen Sie sich in der

Weihnachtsnacht mit dem Weihnachtsbrot auf den Düngerhaufen. Entweder Ihnen erscheint Ihr Zukünftiger, oder ein
Hund bellt aus der Richtung, aus der er kommen wird.

Eine andere Methode, das herauszufinden, ist folgende: Sie
stoßen bei der Gartenarbeit auf eine Ampferwurzel? Legen
Sie sie frei. Sie weist in die Richtung, aus der Ihr Zukünftiger
kommt.

Burschen haben übrigens die gleiche Chance, herauszufinden, aus welcher Richtung ihre Zukünftige kommen wird. Sie
brauchen nur in die Berge zu rufen – die richtige Richtung ist
jene, aus der das Echo kommt.

WER IST DER ZUKÜNFTIGE?

Wie der Richtige heißt? Malen Sie doch einfach das ABC an
Ihre Tür – mit Kreide – und stoßen Sie bei verbundenen Augen mit einem Stock danach. Der Treffer ist der Anfangs-
buchstabe seines Namens.

Oder versuchen Sie, auf folgende Weise seinen Namen zu
erraten: Sie schälen einen Apfel und versuchen, die Schale in
einem langen Stück herunterzuschneiden. Nun werfen Sie sie
hinter sich. Am Boden kringelt sie sich vielleicht zum Anfangsbuchstaben des Namens Ihres Zukünftigen zusammen.

Ach ja: Der erste Mann oder Bursche, der Ihnen am Neujahrsmorgen begegnet, trägt den Namen Ihres Zukünftigen.

Auch Holz ist ein für Weissagungen geeignetes Material.
Das Holzscheit-Orakel gibt Auskunft über Charakter und
Beruf des Zukünftigen und verrät, ob er krumm und bucklig
oder gerade gewachsen und schön sein wird. Ziehen Sie dazu
mit verbundenen Augen im Dunkeln aus einem fremden
Holzhaufen ein Holzscheit heraus und übertragen Sie sein
Aussehen auf das Erscheinungsbild Ihres Zukünftigen.

Haben Sie schon einen bestimmten Mann im Auge, sollten
Sie sich den Mann genau ansehen. Die Physiognomie lässt
manchmal einiges über sein Wesen erkennen, und auch hierfür gibt der Aberglaube Anweisung. Hat er zusammenge-

wachsene Augenbrauen, so müssen Sie damit rechnen, dass er zur Eifersucht neigt. Auch wenn ihm häufiger das Knie juckt, ist er ein eifersüchtiger Mensch. Wichtig ist jedoch vor allem das Kinn. Ist dieses lang, haben Sie es mit einem langsam arbeitenden Menschen zu tun, wenn nicht gar mit einem vom Teufel Besessenen. Also Finger weg. Ist sein Kinn gespalten, steht das für gespaltene Zunge und Rede, auf seine Liebesschwüre können Sie darum keinen Pfifferling geben – in so einem Fall sollten Sie doch lieber das Gänseblümchen-Orakel fragen, das lügt nicht. Hat der Auserwählte aber ein Grübchen, war Ihre Wahl hervorragend, denn das ist ein Glückszeichen, der Fingerabdruck eines Engels.

Wenn sich mehrere Herren um Sie bemühen, so könnte Ihnen das Orakel der Barbarazweige zu Klarheit verhelfen: Stellen Sie am 4. Dezember geschnittene Kirschen- oder Forsythienzweige im Namen der verschiedenen Heiratskandidaten in die Vase. Derjenige, dessen Zweig als erster blüht, wird der Zukünftige sein. Dieses Orakel dürfen natürlich auch Männer bemühen.

Das Bild des (vielleicht ja noch unbekannten) Zukünftigen sehen Sie um Mitternacht bei brennenden Kerzen im Spiegel – am besten in der Matthias- oder in der Andreasnacht.

Eine andere Methode, den Zukünftigen kennen zu lernen, ist leicht durchzuführen: Gehen Sie verkehrt herum schlafen – legen Sie sich mit dem Kopf an das Fußende Ihres Bettes. Wenn Sie das an Pauli Bekehrung (25. Januar) machen, sollte Ihnen der Zukünftige zuverlässig im Traum erscheinen. Reicht das nicht, so treten Sie das Bett mit Füßen – dann werden Sie in der folgenden Nacht gewiss von ihm träumen. Weniger schmerzhaft, doch genauso wirksam ist es, wenn Sie nur die Matratze treten oder das Bett lediglich ordentlich schütteln. Hilft auch das nicht, so legen Sie sich ein vierblättriges Kleeblatt oder etwas Leinsamen unter das Kopfkissen.

Wenn Sie auch dann nicht von ihm träumen, gibt es noch einen Kniff, der aber viel handwerkliche Geschicklichkeit erfordert: Flechten Sie sorgfältig einen Kranz aus Immergrün oder Buchsbaumzweigen – ohne die Pflanzen jedoch mit den Händen zu berühren: Sie müssen dazu gespaltene Holzstäbchen verwenden. Den Kranz legen Sie dann unters Kopfkissen – und am nächsten Morgen wissen Sie sicher, für wen Sie sich diese Mühe gemacht haben.

Noch aufwendiger ist die folgende Form, Aufschluss über den Zukünftigen zu erhalten: Sie flechten aus Blumen oder zauberkräftigen Kräutern einen Kranz, schmücken damit Ihr Haupt und stellen sich des Nachts in das Bett eines kleinen Baches – klein soll er nur deshalb sein, damit sie nicht Gefahr laufen zu ertrinken oder von der Strömung mitgerissen zu werden – und nun warten Sie. Der Mann, den Sie am anderen Ufer stehen sehen werden, ist der Ihnen Bestimmte. Blicken Sie einander nun durch den Kranz hindurch in die schönen Augen, so erkennen Sie beide, ob sie sich immer treu sein werden. Abschließend sollten Sie noch den Versuch unternehmen, den Kranz an einen Baum am Bach zu werfen. Die Anzahl der Fehlschläge steht für die Jahre, die bis zur ersehnten Vereinigung noch vergehen – also üben Sie vorher fleißig. Schließlich ist es finster, wenn die Sache ernst wird.

Kommt es zur Hochzeit?

Ob es mit Ihnen und Ihrem Auserwählten etwas wird, lässt sich mit Hilfe von Bürsten feststellen. Legen Sie zwei Bürsten kreuzweise übereinander an die Glut. Wenn sie sich in der Hitze zueinander krümmen, werden die zwei, die einander mögen, zusammenkommen.

Auch Immergrün lässt sich gut als Orakel in Liebesdingen befragen. Werfen Sie dazu einfach eine Hand voll Immergrünblätter ins Wasser. Wenn zwei der Blätter zueinander schwimmen, dürfen Sie das als Vorzeichen für eine Hochzeit nehmen. Seien Sie also nicht zu sparsam mit den Blättern.

Wenn Ihnen Ihr Auserwählter in der Öffentlichkeit auf den Fuß tritt, können Sie beruhigt sein: Er wird Sie heiraten.

Wann kommt es zur Hochzeit?

Die Frage, wann es eine Hochzeit geben wird, beantwortet die Hauswurz, die ja auf jedem guten Dach zur Blitzabwehr zu wachsen hat. Blüht sie, kann frau davon ausgehen, dass ihr noch in diesem Jahr ein Bräutigam beschert wird.

Auch als Mutter können Sie leicht herausfinden, wie lange es dauern wird, bis Ihre Töchter unter der Haube sind: Wenn der Birnbaum viel trägt, dauert es nicht mehr lange. Wenn Ihre Tochter es schafft, mit verbundenen Augen am 24. Februar, dem Matthiastag, einen auf dem Tisch liegenden Buchsbaumzweig zu berühren, wird sie noch in demselben Jahr Braut.

Die Matthiasnacht, also die Nacht zum 24. Februar, ist der richtige Termin für folgendes Orakel: Heiratslustige Mädchen müssen in einem Eimer Wasser aus drei verschiedenen Brunnen holen und Efeublätter hineinstreuen. Schwimmen die Blätter zusammen, steht eine Hochzeit ins Haus. Treiben sie auseinander, müssen sie noch mindestens ein Jahr mit der Hochzeit warten.

Wer ein vierblättriges Kleeblatt findet und wer beim Kartenspielen in der Silvesternacht den Schwarzen Peter zieht, wird noch im selben Jahr heiraten. Die gleiche Bedeutung hat es, wenn man im Frühling zuerst eine einzelne Schwalbe sieht. Erblickt man als Erstes einen ganzen Schwarm, so muss man noch warten. Bei Bachstelzen hingegen muss es ein Paar sein, das man als Erstes sieht, damit aus der baldigen Hochzeit etwas wird. Achten Sie vielleicht auch auf den Kuckuck. So oft, wie Sie ihn beim ersten Mal im Frühling rufen hören, so viele Jahre müssen Sie noch auf die Ehe warten.

Wenn dagegen die Störche auf dem Hausdach nisten, ist das ein gutes Omen: Dann dauert es nicht mehr lange, bis das eigene Ehenest gebaut ist und die Störche Kinder bringen.

Wer schweigend in der Nacht einen Schuh auf einen Apfel- oder Birnbaum wirft, kann aus der Zahl der Versuche, bei denen er herunterfällt, ehe er endlich hängen bleibt, schließen, wie viele Jahre er noch auf die Hochzeit warten muss. Ausgezeichnet hierfür eignet sich die Andreasnacht, die Thomasnacht und die Heilige Nacht.

Die bisher genannten Orakel betrafen vor allem Mädchen; doch gibt es natürlich analog einige, die einem männlichen Wesen anzeigen, dass es bald die Seinige finden wird. Etwa wenn sein Stiefel knarrt – dann ist es noch in diesem Jahr soweit. Auch wenn ihm beim Stiefelputzen ständig die Bürste aus der Hand fällt, steht eine Heirat ins Haus.

WIE WIRD DIE EHE?

Ob er Sie liebt oder nicht, das haben Sie sicher längst mit Hilfe eines Gänseblümchens oder einer Margerite geklärt. Nehmen wir einmal an, er liebt Sie. Doch dass er das tut, heißt noch lange nicht, dass Sie miteinander eine harmonische Ehe führen werden. Wenn Sie wissen wollen, wie es damit aussieht, verbrennen Sie am Allerheiligentag Nüsse im Feuer. Wenn sie still zusammen verbrennen, verheißt das eine glückliche Ehe, wenn sie krachend im Feuer auseinanderspringen, wird sie unglücklich.

Wenn Sie selbst zuerst bei einem unehelichen Kind Patin stehen, wird Ihre Ehe glücklich werden.

Wenn Sie beim Abwaschen oder beim Wäschewaschen ständig selbst völlig gebadet werden, so ist das ein schlechtes Zeichen: Ihr Zukünftiger dürfte ein Alkoholproblem haben.

Ein leicht als Zweckoptimismus durchschaubarer Aberglaube ist die Vorstellung, dass das Brautpaar reich wird, wenn die Braut als ledige Jungfrau das Angebrannte vom Hirsebrei aus dem Topf isst – bei so viel Sparsamkeit ist Wohlstand wahrscheinlich. Ganz anders zeigt sich der Reichtum des Zukünftigen: Wenn ein Mädchen an den Armen stark behaart ist, wird es einmal einen reichen Mann bekommen.

Werfen Sie unmittelbar nach der Trauung Haferkörner in eine Schüssel mit Wasser. Schwimmen sie, wird das Paar glücklich; versinken sie, war die Eheschließung ein Fehler.

Auch der Zeitpunkt der Eheschließung kann das Eheglück beeinflussen: Heiraten sollten Sie bei zunehmendem Mond, weil der alles begünstigt, was zunehmen soll – Ihr eheliches Glück, die Größe Ihrer Familie … Heiraten sollten Sie hingegen nicht an einem Dienstag. Er untersteht dem Kriegsgott Mars, und der ist für den Beginn einer langfristigen Sache, die noch dazu auf Harmonie aufbauen sollte, nicht wirklich geeignet.

Weitere Orakel können sich an Ihrem Hochzeitstag ereignen: Kommt ein Bettler an Ihre Tür, wenn Sie gerade Hochzeit feiern, so bringt er Glück. Sitzt eine Katze vor der Trauung am Altar, bringt das Unglück. Läuft sie allerdings dem Brautzug nur bis zur Kirchentür nach, ist das ein Glück bringendes Vorzeichen. Brennen die Kerzen während einer Trauung ruhig und flackern nicht, wird die Ehe harmonisch und glücklich verlaufen.

Achten Sie darauf, dass Sie während Ihrer Eheschließung nicht durch ein Astloch beobachtet werden, sonst wird Ihre Ehe unglücklich. Holen Sie den Zaungucker lieber herein und lassen Sie ihn mitfeiern!

Mehrere Gäste haben ihre Hunde mitgebracht, und die vertragen sich nicht? Trennen Sie sie möglichst bald und sperren Sie sie in verschiedene Zimmer! Wenn sich nämlich auf der Hochzeit die Hunde beißen, so schlagen sich später die Eheleute. Auch wenn sich zwei Hähne in der Hochzeitsnacht streiten, wird ein Unglück die Ehe heimsuchen.

Der Ehemann muss die Braut über die Schwelle des gemeinsamen Hauses tragen, damit die gemeinsame Zeit schön wird – ein Brauch, der bis heute überlebt hat.

Auf Ihren Ehering sollten Sie gut Acht geben. Wenn Sie ihn verlieren oder gar zerbrechen, bringt das Unglück oder kündet von einer baldigen Trennung.

Um dem Paar viele Kinder zu sichern, darf Hirse auf der Hochzeitstafel nicht fehlen. Auch Hahnsymbole als Hochzeitsgaben sollen die Fruchtbarkeit der Ehe garantieren.

AM HIMMEL GESCHEHEN ZEICHEN UND WUNDER

Der Himmel als Wohnort der Engel und des lieben Gottes ist von jeher von großem Interesse gewesen. Die dort beobachteten Veränderungen sind von höchster Bedeutung.

Zu den heiligen Zeiten (das Datum variiert regional, genannt werden die Christ-, die Neujahrs- und die Dreikönigsnacht) öffnet sich der Himmel, und es ist den Menschen erlaubt, einen kurzen Blick hinein zu werfen. Es ist jedoch strengstens verboten, mit dem Finger gen Himmel zu zeigen, weil man sonst Gott in die Augen stechen könnte. Überhaupt sollten spitze Gegenstände nie nach oben weisen, da sich die Engel daran verletzen könnten.

Bei der wohl bedrohlichsten himmlischen Erscheinung, der Sonnenfinsternis, geht man davon aus, dass es Gift auf die Erde regnet. Deshalb sollten die Brunnen zugedeckt werden und das Vieh im Stall bleiben. Eine Mondfinsternis muss von Hornblasen und größtmöglichem Lärm begleitet werden, um den Mond dabei zu unterstützen, neue Kraft zu sammeln und wieder hell zu werden.

Nicht als bedrohlich, sondern im Gegenteil als Glücksbringer gelten Sternschnuppen. Während sie vom Himmel fallen, darf man sich schweigend etwas wünschen.

Wetterregeln, die aus der Farbe des Abendhimmels auf das Wetter des kommenden Tages schließen, sind berechtigt und altbekannt. Denken Sie nur an das alte „Abendrot macht Wangen rot". Wenn das Abendrot glüht, backen die Engel Kekse. Wenn weiße Wolken am Himmel stehen, backt Petrus Brot. Regnet es dagegen bei Sonnenschein, so backen die Hexen Pfannkuchen.

Zum Abendrot heißt es aber auch: „Am Himmel geschehen Zeichen und Wunder/Und aus den Wolken blutig rot/Hängt der Herrgott den Kriegsmantel runter." (Friedrich Schiller, Wallensteins Lager)

Damit Wünsche in Erfüllung gehen:
Ein kurzer Abstecher in die Welt der Magie

Wenn hier einige magische Handlungen aus der Welt des Aberglaubens vorgestellt werden, so deshalb, weil sie innerhalb der Welt des Aberglaubens ihren Platz haben. Es soll hier keine Anleitung zur Hexerei gegeben werden – dazu möchte ich auf Ulrike Aschers „Hexeneinmaleins für freche Frauen" verweisen. Dort erhalten Sie nicht nur jede Menge Anregungen für magische Handlungen, die Sie durch Ihr Leben begleiten können, sondern auch gleich alle Warnungen und Vorsichtsmaßnahmen einschließlich eines Erste-Hilfe-Zaubers für Pannen und magische Unfälle. Wenn Sie ernsthaft vorhaben, einen der folgenden Zauber anzuwenden, sollten Sie am besten vorher dort nachlesen, worauf Sie beim Zaubern grundsätzlich achten sollten. Und bedenken Sie: Alles kommt dreifach zu Ihnen zurück.

Lesen Sie dieses Kapitel daher bitte vornehmlich zur Unterhaltung und mit einem leichten Augenzwinkern. Und gewöhnen Sie sich an, sicherheitshalber bei allen Handlungen der magischen Art, auch bei allen Wünschen, im Stillen oder laut hinzuzusetzen: „… wenn es zum Wohle aller ist". So verhindern Sie, dass Sie aus Unwissenheit so viel Unheil anrichten wie jener Bauer, der ein Jahr lang das Wetter bestimmen durfte und dabei den Wind vergaß. Da Getreide aber vom Wind befruchtet wird, stand er nach einem Jahr vor den leeren Halmen.

Je nach der Zielsetzung eines Zaubers unterscheidet man Fruchtbarkeitszauber, Wahrsagezauber, Schmähzauber, Heilzauber, Schadenzauber, Abwehrzauber, Wetterzauber, Liebeszauber und Totenzauber. Zum Zaubern können Sie sich der unterschiedlichsten Praktiken bedienen. Die wichtigsten alten Techniken sind Spruchzauber (Bannen, Heilen, Besprechen), Runenzauber und Zauber mit Schrift, Hemmzauber (durch Kreuzen, Binden oder Flechten), Übertragungszauber (Abstreifen, Verpflocken, Umbinden). Wirksamer als der gesprochene Zauberspruch ist der gereimte, noch besser der gesungene, noch wirksamer ist der schriftliche Zauber – unsere Formulierung „Das kann ich dir auch gerne schriftlich geben!" knüpft an diese Wertung an.

Ein Hemmzauber dient dazu, ein Ereignis zu verhindern – und kann eine gefährliche Sache werden, wenn mit dem Verhindern ein Eingriff in den freien Willen eines anderen Menschen verbunden ist.

Die einfachste Form des Hemmzaubers ist das Kreuzen. Sie kennen vielleicht die Geste der gekreuzten Zeigefinger zum Schutz vor Nachtmahren, Vampiren und Hexen? Zu Ihrem eigenen Schutz (und dem Ihrer Kinder) ist dieser Zauber jederzeit ohne Gefahr einsetzbar. Doch auch wenn jemand bei einer wichtigen Handlung nur die Beine übereinandergeschlagen hat, macht er sie unmöglich – ganz gleich, ob es sich um eine magische Handlung, eine Geburt, ein Opfer oder ein Gelübde handelt.

Andere Hemmzauber sind das Binden (zum Beispiel ein Band um den Hals zum Schutz vor Halsschmerzen) und das Flechten, das eigentlich nur ein mehrfaches Kreuzen ist, und das Nestelknüpfen (siehe Seite 109).

Bei magischen Handlungen darf nichts verknotet und verkreuzt sein. Daher ziehen Sie sich am besten die Schuhe aus, ehe Sie wichtige Dinge tun. Die Berührung der Erde mit den bloßen Füßen gibt Ihnen besondere Kraft.

Wenn zu einem Zauber erforderlich ist, dass Sie eine Pflanze oder ihre Wurzel ausgraben, so beachten Sie: Sie dürfen sie in der Regel nicht mit Metall ausgraben und niemals mit bloßen Händen anfassen. Eine Kinderschaufel aus buntem Plastik leistet Ihnen hier unersetzliche Dienste – vielleicht verwenden Sie aber lieber eine Schaufel von einem Hirschgeweih? Die hat den Vorteil, dass damit auch die Kraft des Hirsches auf Sie übergeht. Ein Anwendungsbeispiel ist die Wegwarte – wenn man sie in der Nacht mit einem Hirschgeweih ausgräbt, macht sie hieb- und stichfest oder zeigt auch den Dieb einer gestohlenen Sache an. Eine Ausnahme von der Metall-Regel ist das Eisenkraut: Es bewirkt, dass Sie von allen Menschen geliebt werden, sofern Sie es mit einem Silberlöffel ausgraben und auf der Haut tragen.

Wenn Sie in alle vier Ecken des Zimmers eine Haselrute stellen, könnte diese dafür sorgen, dass Ihre Zauberei von Erfolg gekrönt ist – im Unterschied zu der Sache mit dem „… zum Wohle aller" ist dies allerdings ein Aberglaube.

Damit sich ein Zauber wieder löst …

Angenommen, Sie sind von einem Zauber befallen. Drehen Sie zunächst Ihren Ring, um den Zauber zu lösen – natürlich links herum. Und gehen Sie anschließend sicherheitshalber noch nacheinander über drei Brücken; danach hat sich der Zauber sicher endgültig gelöst.

Can't buy me love …

Gerade in Liebesdingen ist es besonders gefährlich, manipulativ zu werden – und andererseits bedürfen gerade Liebesangelegenheiten manchmal eines kleinen Anstoßes, „damit was weitergeht". Sie sind gewarnt – und hier sind ein paar Anregungen aus der Welt des Aberglaubens:

Tipps für Ihn

Sie werden von der holden Weiblichkeit als schwachbrüstiger Warmduscher wahrgenommen, obwohl doch ein feuriger Liebhaber in Ihnen steckt? Ein Hahnenkopf, als Amulett an der männlichen Brust getragen, verleiht ungeheure verführerische Kräfte, die aus kühlen Frauen wollüstige Wesen machen.

Sie sind bis über beide Ohren verliebt, und Ihre Angebetete will nichts von Ihnen wissen? Ihnen kann geholfen werden – wenn auch auf recht ungewöhnliche Weise: Beschaffen Sie sich ein Hemd der Dame Ihres Herzens und pinkeln Sie durch den rechten Ärmel hindurch. Ihre Angebetete wird in Liebe zu Ihnen entbrennen. – Um ein solcherart gefördertes Verhältnis zu beenden, brauchen Sie übrigens nur durch den linken Ärmel desselben Hemdes zu pinkeln.

Sie können aber auch dafür sorgen, dass Ihnen Ihr Mädchen rettungslos verfällt, indem Sie ihr ein vierblättriges Kleeblatt in den Schuh legen – allerdings dürfen Sie es zuvor nicht mit bloßen Händen berühren, sonst verliert es seine Zauberkraft.

Eine andere wirksame Methode, sich ein junges Mädchen geneigt zu machen, ist, ihr eine Bibernellenwurzel ins Gewand zu stecken. Sie riecht bocksartig und dürfte die junge Dame in Stimmung bringen – ob sie allerdings zu Ihren Gunsten entflammen oder sich dem ersten Besten an den Hals werfen wird, kann nicht garantiert werden.

Eine weitere Methode ist die Verwendung von Eberraute (*Artemisia abrotanum*). Stecken Sie Ihrer Liebsten einfach ein Sträußchen davon unters Schürzenband – sie wird für Sie entflammen. Der Haken? Diese Liebe ist ja nur eine angehexte – sie wird also nach einigen Jahren unweigerlich in Hass umschlagen. Gehen Sie also mit diesem Mittel besonders vorsichtig um.

Wenn Sie sich aufs Kochen verstehen, können Sie versuchen, Ihrer Angebeteten ohne ihr Wissen – vielleicht in einem leckeren Hühnereintopf – eine Hahnenzunge vorzusetzen. Sie wird angeblich alsbald bereit sein, mit Ihnen eine Beziehung einzugehen.

Etwas aufwändiger ist folgender Zauber, der aber bereits eine gewisse Intimität zwischen Ihnen und Ihrer Angebeteten voraussetzt: Sie pflücken sieben Stengel Eisenkraut, ziehen aus dem Unterhemd Ihrer Liebsten sieben Fäden, binden damit die Stengel zusammen und legen dieses Sträußlein unter ihr Kopfkissen. Sie wird Ihnen verfallen – und sei es auch nur vor Begeisterung ob des getriebenen Aufwands.

Gemeinsam Haselnüsse suchen zu gehen hat sich bewährt. Ein sonniger Herbsttag, bunte Blätter und ein klein wenig Nebel schaffen zusammen mit den Früchten, denen eine erotisierende Wirkung zugesprochen wird, eine zauberhafte Atmosphäre; und diese ist für erste Zärtlichkeiten wie geschaffen – zu kalt sollte es deshalb noch nicht sein.

Wenn Sie Ihre Angebetete sicherheitshalber einmal nackt sehen wollen, ohne ihr dabei schon zu nahe zu kommen, schreiben Sie ihren Namen mit Hasenblut auf ein Eichenbrett. Sobald sie über dieses Brett geht, wird sie sich nackt ausziehen – so groß ist die erotisierende Wirkung der für ihre Fruchtbarkeit berühmten Hasen.

Zum Abschluss noch ein Tipp, wenn Sie das Gefühl haben, von Ihrer Liebsten verzaubert oder behext worden zu sein – im Zustand der Verliebtheit eigentlich ein ganz normales Gefühl. Damit Sie wissen, was es damit auf sich hat, mogeln Sie Ihrer Liebsten etwas Salz in die Schuhe – dann ist der Zauber gebannt, und Sie können sich der Aufrichtigkeit ihrer Gefühle sicher sein.

Tipps für Sie

Wenn Sie einem Burschen heimlich in sein gefülltes Bierglas spucken, ist er Ihnen rettungslos verfallen, sobald er das Bier ausgetrunken hat.

Wenn Sie ihm den Samen des Bilsenkrauts in den Schuh legen, muss er Ihnen immer nachlaufen. Auch das Einbacken und Mitkochen von Haaren gilt als bewährter Liebeszauber: Ist das Haar erst einverleibt, wird die Köchin unwiderstehlich. Vielleicht sehen Sie das berühmte Haar in der Suppe nun mit romantischeren Augen?

Das güldene Band, das das Mädel dem jungen Burschen beim Tanze um die Hand schlingt, ist natürlich auch ein Liebeszauber – es soll die beiden nicht nur für die Zeit des Tanzes verbinden.

Wenn Sie es mit einem besonders schüchternen Exemplar von Jüngling zu tun haben, der niemals von sich aus auf die Idee käme, mit Ihnen in die Haselnüsse zu gehen, so ist dennoch nicht alles verloren: Gehen Sie notfalls allein und schenken Sie ihm die mitgebrachten Nüsse. Das ist auch recht wirksam, besonders wenn es zu Weihnachten oder Silvester geschieht.

Eine weitere Methode, „ihn" herbeizuzwingen und der Sache ein wenig nachzuhelfen, ist die folgende: Sie müssen zu nächtlicher Stunde nackt rückwärts die Stube ausfegen – so können Sie Ihren Zukünftigen dazu zwingen, Ihnen am Tisch sitzend zu erscheinen. Doch Vorsicht: Es wird zwar zu einer Eheschließung kommen, aber auch diese Liebe ist nur eine angehexte, und sobald Ihr Zauber entdeckt wird, wird die Ehe wieder auseinander gehen. Überlegen Sie sich also, ob Sie dieses Risiko eingehen wollen.

Ein ganz starker Liebeszauber umfängt den Geliebten, wenn Sie ihn mit einer Hostie im Mund küssen. Dazu muss er aber schon so weit sein, sich überhaupt von Ihnen küssen zu lassen, und außerdem sollten Sie sich das Ganze sehr gut überlegen, denn wer eine Hostie schändet, findet im Grab keine Ruhe. „Er" sollte dieses Opfer also auch wert sein.

Interessant ist die folgende Möglichkeit, einer Beziehung auf die Sprünge zu helfen, wenn Sie bereits verheiratet sind: Merken Sie, dass Ihr Mann sich nach einiger Zeit nicht mehr für Sie interessiert, so legen Sie vom Backen neunmal hintereinander etwas Teig zurück und backen Sie Ihrem Mann daraus einen Fladen. Der Haken? Sie müssen den Fladen mit dem nackten Hintern kneten. Sobald Ihr Partner den Fladen verzehrt hat, wird er wieder in Zuneigung und Sehnsucht nach Ihnen entbrennen.

TIPPS FÜR BEIDE

Ein sehr wirksamer Liebeszauber ist es, drei Blutstropfen in den Wein des anderen zu mischen. Auch ein simples Osterei kann in dieser Richtung sehr erfolgreich sein: Sie müssen es nur am Karfreitag in geweihtem Wasser kochen – wenn es Ihr Traumpartner/Ihre Angebetete isst, pflanzt es die Liebe in sein/ihr Herz.

Wenn Sie nicht bis Ostern warten wollen, versuchen Sie doch die folgende Variante: Schreiben Sie eine Beschwörung auf eine Eierschale und legen Sie das Ei an einem Samstag bei Neumond ins Feuer. Der/die Angebetete hat dann keine Ruhe mehr, bis er/sie Ihnen eine Liebeserklärung macht. Vielleicht haben Sie ja Glück, und es fällt bald ein Neumondtag auf einen Samstag. Das kann allerdings einige Zeit dauern.

Um sich der Liebe eines anderen Menschen zu versichern, entwenden Sie ihm drei Haare und klemmen sie in die Ritze eines Baumes ein. Sobald sie mit seiner Rinde verwachsen sind, kann das Paar nichts mehr trennen.

Haben Sie Ihr Herz an jemanden verschenkt, der schon vergeben ist, können Sie versuchen, das Glück der beiden zu trüben (Vorsicht, jetzt greifen Sie zur schwarzen Magie!), indem Sie ihnen Hundehaare auf das Bett streuen. Sind Sie erfolgreich, und das Paar verbringt eine Nacht auf diesem Lager, haben Sie eine Feindschaft gestiftet, die sicherlich bald zum Bruch führen wird. Auch Katzenhaare im Essen sollen den gleichen Erfolg bringen.

Hat auch das nichts geholfen, gibt es noch eine Methode, die allerdings nur in ganz verzweifelten und dringenden Fällen angewandt werden darf: das sogenannte Nestelknüpfen, das den Geliebten impotent macht. Dazu sollten Sie während seiner Trauung mit der Falschen einige feste Knoten in einen Bindfaden knüpfen oder ein Schloss verschließen. Geht die Beziehung der beiden durch diese List in die Brüche, und er kommt endlich reumütig in Ihre Arme, heiraten Sie ihn und raten ihm, dreimal durch den Ehering zu urinieren, den er inzwischen mit Ihnen getauscht hat. Der Bann wird von ihm weichen.

Ein Racheakt aus verschmähter Liebe ist folgender Bildzauber: Sie nehmen eine Wachsfigur und stechen jede Menge Nadeln hinein – sie werden das Herz des Angebeteten treffen. Um „sein" Herz zu schmelzen, nehmen Sie wieder eine Wachsfigur, taufen sie im Namen des Teufels und schmelzen sie. Sie können auch Pflanzen verbrennen, auf dass auch sein Gefühl sich für Sie entzünde. Dass Sie auch damit massiv in den Willen eines anderen Menschen eingreifen und somit Schwarze Magie betreiben, ist Ihnen hoffentlich bewusst?

Wünschelruten

Wünschelruten sind etwas ganz Besonderes, und bei ihrer Beschaffung sind jede Menge Vorkehrungen zu beachten, damit sie auch tatsächlich wirken.

Eine ordentliche Wünschelrute muss die Form eines gegabelten Stabes haben und am besten aus lebendem Holz geschnitten werden – zur Not können Sie sie auch aus Eisendraht und Fischbein fertigen.

Damit die Wünschelrute auch wirkt, darf sie nur zu den heiligen Zeiten geschnitten werden, also in den Zwölften, in den Osternächten, an Johanni oder zu Pfingsten, und zwar in der Mittagsstunde oder doch zumindest in der Nacht. Wenn Sie so lange nicht warten können, schneiden Sie sie an einem Sonntag vor Sonnenaufgang – auch das ist ein nicht ungefährliches Unterfangen.

Sie müssen sich dabei der Rute rückwärts nähern, einen Spruch aufsagen, sie dann zwischen den Beinen hindurchziehen und mit einem einzigen kräftigen Schnitt abschneiden – oder, wenn der Spruch mit dem Vater, Sohn und Heiligen Geist verbunden ist, beim dritten Schnitt abschneiden. Wen Sie beim Schneiden der Rute anrufen, hängt davon ab, was Sie mit der Rute vorhaben. Sind es finstere Dinge, so beschwören Sie die Pflanze in des Teufels Namen. Doch dann können Sie nicht sicher sein, dass Ihre auf diesem Weg gewonnene Rute auch tatsächlich wirkt: Nur ein unbescholtener Christ, der kein Metall bei sich trägt, oder ein unschuldiges und religiös erzogenes Sonntagskind darf die Rute schneiden und natürlich darf sie dabei nicht mit bloßen Händen berührt werden, sondern man muß sich um die linke Hand ein weißes Tuch wickeln und sie damit ergreifen. Andernfalls besteht die Gefahr, dass der Baum die Kraft zurücknimmt und die Rute nicht wirkt.

Damit Ihre Wünschelrute besonders stark wirkt, sollten Sie sie taufen. Am einfachsten ist es, Sie stecken sie einem Täufling in die Windel – dann nimmt Ihnen der Pfarrer diese Arbeit ab, allerdings haben Sie dann wenig Einfluss auf den Namen. Ideal wäre der Name eines der Heiligen Drei Könige – denn diese haben ja das Jesuskind gefunden – und wenn Ihre Wünschelrute nicht eine Wasserader, sondern Silber finden soll, müssen Sie sie auf den Namen „Balthasar" taufen.

Sollte Ihnen das Schneiden zu nächtlicher Stunde und das Entheiligen des Feiertages zu riskant sein, können Sie die Rute auch kaufen. Dabei dürfen Sie nichts vom Preis herunterhandeln, denn Sie wollen ja auch nicht, dass der Verkäufer etwas von der Wirkung wegnimmt. Allerdings sollten Sie sich schon fragen, warum der Verkäufer die Rute loswerden will – könnte das mit ihrer Wirksamkeit zusammenhängen?

Schatzgräber

Einen Schatz zu heben ist wohl jedermanns Traum. Doch Vorsicht! Schätze wandern, wechseln ihren Ort, kommen wohl auch nur alle heiligen Zeiten oder alle sieben Jahre nach oben, und das unabhängig davon, ob es sich um Schätze handelt, die in einer Höhle oder Schatzkammer aufgestapelt liegen oder um solche, die im Boden vergraben sind. Ein ordentlicher Schatz wird bewacht, meist vom Teufel höchstpersönlich, denn alles, was tiefer als drei Fuß unter der Erde liegt, gehört ihm.

Sonntagskinder finden den Schatz trotzdem; auch eine Jungfrau, ein unschuldiger Knabe, am besten siebenjährig, oder eine Einäugige haben darin Erfolg. Meist reicht es aus, wenn sie nur dabei sind, wenn nach einem Schatz gegraben wird. Auch Franziskaner und Jesuiten gelten als erfolgreiche Schatzgräber. Sollten Sie zu diesen Menschen keinen guten Draht haben, noch ein Tipp: Warten Sie einfach, bis Sie ein Ei finden, in dem ein Kobold sitzt. Dieses Ei hüten Sie nun wie Ihren Augapfel und achten darauf, dass ihm nichts passiert. Wenn Sie es vor Schaden bewahren, zeigt Ihnen der Kobold zum Dank einen Schatz.

Nun wird es makaber: Sie brauchen zur Schatzsuche noch ein Stück Menschenfett (ja, haben Sie gedacht, der Teufel gibt seinen Besitz so einfach her?), und natürlich eine Wünschelrute – hilfreich ist eine dreifach gegabelte aus dem Holz der Heckenrose.

Wenn Sie keinen der oben genannten Schatzsucher für sich arbeiten lassen können, graben Sie einmal unter Holunderbüschen nach – hier ist die Wahrscheinlichkeit am größten, einen Schatz zu finden. Da dieser Strauch besonders langlebig und kaum ausrottbar ist, pflanzten die Menschen früher gerne an die Stelle, wo sie in Kriegszeiten ihr Gut verscharrt hatten, einen Holunder, um sie später leicht wiederfinden zu können.

Der beste Zeitpunkt für die Schatzsuche ist in der Christnacht, an Johanni, zu Silvester, in der Bartholomäusnacht oder am Karfreitag, denn da sind die Schätze unbewacht. Anständige Christenmenschen sind dann aber in der Kirche.

Wenn es nun in der richtigen Nacht schön finster ist, die Jungfrau vor Angst zittert und die Wünschelrute ausschlägt, dann brauchen Sie nicht etwa zu glauben, dass jetzt munter drauflos gegraben werden kann – weit gefehlt. Jetzt wird erst dem Teufel ein Opfer gebracht, meist ein rein schwarzes Tier. Kater und Hähne eignen sich hierzu besonders gut, aber auch Schlangen, Böcke, Hunde oder gar Pferde wurden geopfert. Dann folgt eine ausführliche, höchst magische Schatzbeschwörung, der Teufel wird sicherheitshalber noch einmal gebannt, und nun erst fangen Sie an, die Kostbarkeiten ans Licht der Welt zu bringen. Dabei hat unbedingtes Stillschweigen zu herrschen, selbst Niesen oder Kichern kann den Erfolg des Unternehmens gefährden.

Sie brauchen jedoch nicht zu glauben, dass die Sache ausgestanden ist, wenn Sie all dies erfüllt und erledigt haben: Erst wenn Ihr Schatz sicher unter Ihrer heimischen Dachtraufe angekommen ist, gilt er als wirklich gehoben.

Natürlich versucht der Teufel – unbeschadet aller Opfer und Beschwörungen – den Schatzgräbern Angst zu machen und sie zum Reden, Aufschreien, Davonlaufen und Aufgeben ihres Unterfangens zu bringen. Dazu lässt er Geisterkutschen auffahren, einen Reiter folgen, der fragt, ob die Kutsche schon durch ist, Gänse oder Mäuse vorbeiziehen, die eine Kutsche ziehen, oder er kommt höchstpersönlich vorbei, um den Schatzgräbern zu erklären, ihr Dorf oder ihr Haus stehe in Flammen. Wenn sie dann etwas sagen, entpuppt sich der ganze Schatz als Lug und Trug.

Wer einen Schatz hebt, muss sowieso bald oder binnen Jahresfrist sterben. Und dieser Hinweis lässt es als keineswegs angeraten erscheinen, ein solches Unternehmen überhaupt erst zu beginnen.

Etwas anderes ist es, wenn Sie selbst einen Schatz vergraben. Um ihn vor Entdeckung durch andere zu sichern, sollten Sie sich, nachdem Sie das Loch zugeschüttet und getarnt haben, mit dem bloßen Hintern für ein Weilchen darauf setzen. Nur Sie selbst können ihn dann wieder heben.

Zu Reichtum können Sie auch mit Hilfe von Heckenpfennigen kommen. Das ist einerseits Falschgeld, das nicht ganz nutzlos ist: An den Tisch genagelt, soll es echtes Geld anziehen. Andererseits ist der Heckenpfennig einer, der sich auf wundersame Weise immer wieder vermehrt (heckt). Solches Geld muss entweder sehr alt oder gefunden sein oder die Zahl Sieben tragen. Legen Sie es zu einer Alraune, damit es sich verdoppelt. Die Alraune ist besonders kraftvoll, wenn sie die Form eines Männchens besitzt. Dieses „Heckenmännchen" müssen Sie sorgfältig pflegen. Es legt großen Wert auf eine liebevolle Behandlung, will gut gekleidet, gewaschen und gekämmt sein, damit es seine Aufgabe gewissenhaft erledigen kann. Sollten Sie die Alraune selbst ausgraben, so denken Sie an die Ohrenschützer – das Geschrei, mit dem sie sich dagegen wehrt, lässt Ihnen sonst das Blut in den Adern gefrieren.

Auch die Samen des Farns sollen Heckengeld erzeugen können. Die „Dukatensamen", wie sie auch heißen, zwingen den Teufel, Ihnen Ihre Wünsche zu erfüllen.

Ein Wetterzauber

Es ist Sommer, trocken, kein Regenwölkchen weit und breit, und in Ihrem Garten verdorren allmählich auch die hartnäckigsten Hexenkräuter? Tun Sie sich mit Ihren Freundinnen zusammen, denen es nicht besser geht. Eine von Ihnen ist sicher eine Jungfrau. Nehmen Sie alle eine Rute mit und führen Sie die Jungfrau gemeinsam nackt an einen Ort außerhalb Ihres Wohnortes, wo Bilsenkraut *(Hyoscamus niger)* wächst. Davon soll sie mit dem kleinen Finger der rechten Hand eine Pflanze ausreißen. Diese binden Sie ihr an den rechten Fuß, genauer: an die kleine Zehe des rechten Fußes. Nun führen Sie sie zum nächsten Fluss – er soll noch Wasser führen – und schlagen Sie mit den Ruten das Wasser, so dass die Jungfrau nass gespritzt wird. Singen Sie dazu Regengesänge, bis Sie das Gefühl haben, dass Ihre Bitte um Regen nun „angekommen" ist, und führen Sie dann die Jungfrau im Rückwärtsgang an den Händen nach Hause.

Ein Blick auf den Kalender

Was Sie wann tun müssen und wann nicht tun dürfen, ist eine Wissenschaft für sich. Viele derartige Tipps finden Sie seit einiger Zeit im Mondkalender. Sie basieren auf klassischem Analogiedenken. Ein Beispiel: An Tagen, an denen der Mond im Tierkreiszeichen Fische steht, dürfen Sie Ihre Haare nicht waschen, sonst bekommen Sie Schuppen. Dahinter steht: So wie (nicht: weil) die Fische Schuppen haben, werden Ihre Haare Schuppen bekommen. Für Dauerwellen werden Tage empfohlen, an denen der Mond in der Jungfrau steht – die Jungfrau hat wallende Locken, und so wie deren Locken sollen dann auch Ihre Locken wogen.

Für viele Themen lässt sich auf dieser Basis ein optimaler Zeitpunkt herausfinden. Für Neuanfänge, die männliche Kraft, Schwung und auch massives Durchsetzungsvermögen erfordern, ist zum Beispiel der Dienstag optimal, denn dieser Tag steht im Zeichen des Kriegsgottes Mars, und der geht alles energisch und feurig an.

Der Aberglaube kennt hier noch einige weitere Aspekte:

- Montagarbeit gedeiht nicht.
- Dienstags darf frau nichts Neues beginnen, das Sorgfalt und Umsicht benötigt, nicht spinnen und schon gar nicht heiraten.
- Freitags darf man nicht baden, denn es ist ein Fasttag, und man darf auch kein Brot backen, denn das bedeutet Streit, wenn nicht Not, und wahrscheinlich einen Laib weniger.
- Sonntags darf man nicht arbeiten, nicht backen und nicht baden. Man darf das Bettzeug nicht zum Lüften ins Fenster legen, denn das bringt Streit zwischen den Eheleuten.
- Nachts zwischen elf und zwölf muss man auf einem Friedhof Andorn pflücken, um vor Hexen geschützt zu sein.

Der Jahresplaner

Der folgende Jahresplaner soll Ihnen helfen, in der Fülle abergläubischer Vorschriften den Überblick zu behalten – damit Sie an jedem wichtigen Tag des Jahres wissen, was Sie tun müssen, um vor allen bösen Geistern geschützt zu sein, und was Sie unterlassen müssen, damit Sie nicht von allen guten Geistern verlassen werden. Wenn Sie all diese Hinweise beachten, sollten Sie mit ihrer Hilfe eigentlich sicher und geschützt durch das Jahr kommen.

Neujahrstag. Früh aufstehen ist angesagt. Nicht, weil das mit dem Kater im Kopf von der Silvesternacht so viel Spaß macht, sondern: Wenn Sie es nicht tun, werden Sie im ganzen neuen Jahr damit Schwierigkeiten haben.

Schlüpfen Sie nun in das Hemd, das Sie gestern anhatten – ein frisches anzuziehen, bringt Unglück – und laufen Sie zum Hühnerstall, falls Sie Single sind, sich aber nach Zweisamkeit sehnen. Klopfen Sie an die Wand. Gackert eine Henne, ist Ihnen kein Mann gegönnt, kräht der Hahn, werden Sie noch in diesem Jahr heiraten.

Nun sollten Sie sich erst einmal ein kräftigendes Mahl aus drei Hagebutten und drei Palmkätzchen zubereiten. Das vertreibt vielleicht nicht den Kater, schützt Sie aber sicher vor Krankheiten im neuen Jahr. Danach schleichen Sie sich bitte zum Herd und hoffen, dass Sie dort noch einige Speisereste vom Silvestermenü finden. Verzehren Sie, was immer Sie finden, im Stehen und unbedingt direkt am Ofen, Sie schützen sich damit vor kommendem Unglück.

Wenn Sie heute Hirse essen, wird Ihnen das ganze Jahr über das Geld nicht ausgehen. Teilen Sie die Hirse mit den Hühnern – sie werden in diesem Jahr die besten Eier legen.

Am **Vorabend des Dreikönigstages** ist es günstig, das Ei einer schwarzen Henne bei der Hand zu haben, um es über das

Hausdach zu werfen. Damit ist das Haus das ganze Jahr vor Blitzschlag geschützt.

Der **6. Januar, Epiphanias,** ist der letzte Tag der Zwölften (siehe Seite 181) und damit ein besonders gefährlicher Tag. Für Diebe ist es gewissermaßen der Testtag: Gelingt ihnen an diesem Tag ein Diebstahl, ohne dass sie erwischt werden, so werden sie auch im ganzen Jahr nicht erwischt. Passen Sie also besonders gut auf Ihre Geldbörse auf.

Ansonsten müssen Sie heute schlemmen, denn die letzte Weihnachtsbäckerei muss heute gegessen werden, sonst kommt Unglück über das Haus; und wer zu wenig isst, der bekommt einen Tritt von der Percht.

Da die Percht heute auch über Land zieht, um Kinder zu rauben, sollten Sie Ihr Neugeborenes heute nicht in, sondern unter die Wiege legen.

Wenn die Sternsinger kommen, schicken Sie sie nicht weg: Das C.M.B. an Ihrer Tür (für *Christus Mansionem Benedicat*) ist ein guter Schutz vor Geistern, Hexen, Dämonen und Teufeln. Außerdem sollten Sie an diesem Tag Nudeln oder Mehl auf Ihr Dach legen, um die Geister versöhnlich zu stimmen.

Am 6. Januar fand auch die Taufe Christi statt. Daher ist das Baden an diesem Tag gut für die Gesundheit – und das unabhängig davon, auf welchen Wochentag der 6. Januar fällt.

21. Januar, Agnestag. Bis heute können Sie Neujahrswünsche darbringen. – In der **Nacht zum Agnestag** sehen heiratslustige Mädchen ihren Zukünftigen im Traum.

25. Januar, Pauli Bekehrung. Falls Sie den Agnestag versäumt haben: Heute ist eine neue Gelegenheit, den Zukünftigen im Traum zu sehen. Gehen Sie nur verkehrt herum schlafen: mit dem Kopf am Fußende des Bettes. Heute ist nämlich der Winter zur Hälfte vorbei, und alles dreht sich um. Pflanzen wachsen unter der Schneedecke nicht mehr hinab in den

Schoß der Erde, sondern wieder dem Licht entgegen. Aus dem heutigen Wetter können Sie auf das kommende Jahr schließen: Ist es hell und klar, so gibt's ein gutes Jahr. Ist es verregnet, so kommt eine Teuerung. Ist es aber gar nebelig, so sterben die Tiere, oder es bricht die Pest aus.

3. Februar, St. Blasius. Heute sollten Sie in der Kirche den Blasiussegen empfangen, er schützt Sie das kommende Jahr vor Halsschmerzen.

5. Februar, Agathe. Backen Sie heute Agathenbrot auf Vorrat. Das können Sie Ihren Kindern mitgeben, wenn sie aus dem Haus gehen – zum Studium, zum Militärdienst, zur Arbeit in der Fremde oder zum Heiraten. Wenn Sie heute Weihwasser trinken, sind Sie vor Schlangenbissen geschützt.

24. Februar, Matthias. Heute ist ein guter Tag um festzustellen, wie lange es noch bis zur bevorstehenden Hochzeit dauert. Schlagen Sie Näheres auf Seite 147 nach.

17. März, Gertrud. Heute beißt die Maus den Faden ab. Stellen Sie sich das einmal ruhig als Bild vor: Eine Maus läuft in der Spinnstube an allen kichernden und schwatzenden Mädchen vorbei den Spinnrocken hinauf und beißt den Faden ab. Dass die Mädchen kreischend auseinanderstieben, ist wohl das mindeste, womit zu rechnen ist. Und genau darum geht es: Die Spinnstubenzeit ist vorbei, bis heute oder bis Fastnacht muss der Rocken abgesponnen sein, es beginnt wieder die Zeit der Garten- und Feldarbeit.

Die **Faschingszeit** ist besonders geeignet, um etwas für Ihre Haare zu tun. Waschen Sie sich an einem Tag im Fasching mittags zwischen 11 und 12 Uhr mit frischem, klirrend kalten Brunnenwasser die Haare, so ist das fraglos sehr förderlich für die Durchblutung Ihrer Kopfhaut, und eine dichte

Löwenmähne wird Ihnen nicht versagt bleiben. Auch Mückenstichen können Sie jetzt vorbeugen: Hirschkäferbrei zu Fastnacht ohne Löffel gegessen, verhindert Stiche für ein ganzes Jahr. Woher Sie so früh im Jahr allerdings Hirschkäfer bekommen, ist nicht überliefert.

Wer am **Faschingsdienstag** im bloßen Hemd ums Haus läuft, wird viele Vogelnester finden.

Aschermittwoch: Heute haben Sie viel zu beachten. Da am Aschermittwoch Luzifer aus dem Himmel gestürzt wurde, ist heute eher ein Unglückstag. Geben Sie kein Vieh weg, und stellen Sie auch keines neu in Ihren Stall, fahren Sie keinen Mist und keine Gülle aus, und verzichten Sie auf Waldspaziergänge – heute jagt der Teufel das Holzweiblein, und da sollten Sie ihm besser nicht in den Weg geraten.

Für die Stadtbewohner relevanter ist, dass sie heute auch die Stube nicht reinigen dürfen.

Für Geld im neuen (Kirchen)Jahr wird gesorgt, wenn Sie heute Ihren leeren Geldbeutel waschen. Vor allem aber sollten Sie heute baden und Ihre Haare waschen – dann sind Sie im kommenden Jahr vor Rückenschmerzen sicher.

Achten Sie heute auch aufs Wetter: Ist es trüb? Oje: Ein trüber Aschermittwoch kündigt den Tod vieler Wöchnerinnen an. Schneit es? Dann warten Sie mit dem Säen und dem Hinausstellen von Pflanzen unbedingt bis nach den Eisheiligen. Denn wenn es am Aschermittwoch schneit, schneit es bis zum Sommer noch vierzigmal.

21. März, Frühlingsanfang. Am ersten Donnerstag nach Frühlingsanfang soll man einen schweren Gegenstand heben, man ist dann für ein ganzes Jahr vor Verletzungen sicher.

An **Mariä Verkündigung, dem 25. März,** müssen Sie vor Sonnenaufgang die Apfelbäume in Ihrem Garten schütteln, damit sie gut gedeihen.

31. März, Detlaustag. Heute ist Hausputz angesagt, und zwar gründlich. Wie schon der Name sagt, bringt er allen Läusen den Tod – vorzugsweise vorbeugend. Anders gesagt: Wenn Sie heute nicht gründlich putzen, laufen Sie Gefahr, von wahren Invasionen von Ungeziefern heimgesucht zu werden.

Am **Palmsonntag**, das ist der Sonntag vor Ostern, sollten Sie auf jeden Fall mit einem Sträußchen aus Palmkatzen, Buchsbaum und einigen Kräutern in die Kirche gehen und sie weihen lassen. Nichts ist so wirksam wie ein geweihter Palm – gegen Blitzschlag, aber auch gegen Krankheiten des Viehs, bösen Zauber, Fieber (wenn man die Blätter des Buchsbaums kaut) und sicher noch einige weitere Dinge.

Jeden Palmsonntag wieder stehen Sie vor einer schweren Entscheidung: Während in der Kirche die Leidensgeschichte Christi gelesen wird, werden Schätze sichtbar – doch an beiden Orten können Sie nicht zugleich sein.

Heute müssen Sie unbedingt ein frisches Hemd tragen, auch wenn Sie vorhaben, sich einen gemütlichen Sonntag zu machen und nur auf dem Sofa herumzulümmeln. Wenn Sie in das gestern getragene Hemd schlüpfen, bringt das Unglück. Es gibt übrigens auch Tage, an denen Sie unter keinen Umständen ein neues Hemd anziehen dürfen. Zu diesen zählen die Zwölften und Neujahr.

Gründonnerstag. Essen Sie auf nüchternen Magen einen Apfel – dann sind Sie das ganze Jahr vor Zahnweh geschützt.

Eier, die heute gelegt wurden, sind besonders kostbar: Wenn Sie ein solches Ei bei sich tragen, können Sie vieles erkennen, was anderen verborgen bleibt. Essen Sie auch gezielt Eier, die heute oder morgen gelegt werden, denn die bewahren Sie vor einem Bruch, wenn Sie das nächste Mal schwere Gegenstände heben müssen. Heute dürfen Sie kein Brot backen, denn wenn man am Gründonnerstag backt, regnet es das ganze Jahr nicht. Hingegen sollten Sie eine Brezel essen, das hilft gegen Fieber. Wenn Sie keine essen mögen, sollten Sie zumindest eine aufhängen – so sind Sie und Ihre Familie nicht nur vor Fieber, sondern auch vor Zauberei geschützt.

Butter, die Sie heute zubereiten, ist ungesalzen eine gute Heilsalbe bei Verletzungen – heben Sie davon etwas auf!

Karfreitag. Heute haben Sie den ganzen Tag vollauf zu tun, wenn Sie Ihre Gesundheit, Ihre Familie, Ihren Garten und Ihre Felder optimal schützen wollen. Vor Sonnenaufgang müssen Sie aufstehen, aufs Feld gehen und die Pflugschar dengeln, d. h. schärfen. Wenn Sie damit pflügen, beseitigt sie die Brombeeren aus Ihrem Feld (nächster Termin: 15. August).

Essen Sie auf nüchternen Magen einen Apfel – dann sind Sie das ganze Jahr vor Zahnweh geschützt. Außerdem sollten Sie sich mit dem Dorn einer Heckenrose ins Zahnfleisch pieksen. Das hilft vorbeugend gegen Zahnschmerzen, und sicher ist sicher. Wasser dürfen Sie am Karfreitag jedoch nicht trinken, sonst müssen Sie das ganze Jahr über Durst leiden.

Nehmen Sie auch ein Bad in einem fließenden Gewässer – das wird Sie das ganze Jahr vor Krätze, Rotlauf und allen Krankheiten bewahren (sofern Sie es ohne Lungenentzündung überstehen …). Damit Ihnen danach wieder warm wird, sollten Sie sich rasch ans Buttern machen – Karfreitagsbutter ist ein gutes Wundheilmittel.

Heilkräuter, die es zu dieser Jahreszeit schon gibt, sollten Sie heute sammeln, ihre Heilkraft ist dann besonders stark. Ansonsten müssen Sie bis zum Johannistag warten, und verpassen Sie diesen Termin ebenfalls, bleiben Ihnen nur die Monate September und Oktober. Das Pflücken der Heilkräuter muss stets bei abnehmendem Mond geschehen (am Karfreitag ist das meist per definitionem der Fall, denn Ostern ist der erste Sonntag nach Frühlingsvollmond); zum Ausgraben der Pflanzen, bei denen Sie auch die Wurzeln sammeln, sollten Sie silbernes Werkzeug oder einen Silberlöffel verwenden.

Karsamstag. Beim Glorialäuten müssen Sie die Apfelbäume schütteln, damit sie gut gedeihen.

Ostersonntag. Zwischen 11 und 12 Uhr sollten Sie Hennen Eier zum Brüten unterlegen – die daraus schlüpfenden Hühner wechseln jedes Jahr die Farbe. Ein Osterei sollten Sie heute über Ihr Hausdach werfen, damit Ihr Haus vor Blitzschlag geschützt ist. Und wenn Sie heute beim Zwölfuhr-Glockenschlag Wasser schöpfen, so wird das heilende und schutzbringende Eigenschaften haben. Nehmen Sie gleich einen großen Schluck davon und heben Sie den Rest gut auf.

Zu **Ostern** sollten Sie lachen, bis Ihnen der Bauch wehtut und Ihnen die Tränen kommen – auch sonst ist dagegen übrigens nichts einzuwenden, doch Ostern erlösen Sie damit eine arme Seele.

1. April. Als Geburtstag des Judas Ischariot ist der 1. April ein Unglückstag. Scherzhafte Unglücksbotschaften („Um Himmels willen – was ist denn mit deinen Haaren passiert?" – obwohl mit ihnen natürlich gar nichts passiert ist) tragen dem Rechnung und nehmen dem Unglück die Spitze. Was Sie am 1. April aber vermeiden sollten, ist das Schlagen von Holz wie überhaupt die Waldarbeit (mit der Axt), und auch die Feldarbeit lässt man besser, besonders Gerste sollte man nicht säen.

30. April. Diesen Termin haben Sie sicher im Kalender stehen: Heute Abend Anreise zum Blocksberg – die Nacht zum 1. Mai ist die **Walpurgisnacht**. In der Walpurgisnacht müssen Sie eine Haselgerte brechen gehen. Dieses Holz schützt Sie nun ein Jahr lang vor Unfällen, bösen Geistern und wehrt selbst Vampire ab. In der Küche aufgehängt, schützt es das Haus vor Ungeziefer, Hausgeistern und Kobolden. Zudem sollten Sie darauf achten, es in gut erreichbarer Höhe anzubringen: Haben Sie nämlich einmal eine Schlange im Haus, genügt ein leichter Gertenschlag mit der Haselrute, um sie zu töten. (Sicherheitshalber können Sie ruhig ein bisschen fester hauen.)

Die Hexen, die in der Walpurgisnacht in Heerscharen zu erwarten sind, halten Sie sich am besten vom Leib, indem Sie ordentlich Radau schlagen und die Hörner klingen lassen. Damit die fremden Hexen Ihrem Vieh nicht schaden können, lassen Sie es heute Dill essen. Das schützt.

In der Walpurgisnacht sollten Sie Dotterblumen pflücken, einen wirksamen Schutz vor Dämonen – sie haben dann die meiste Kraft. Heben Sie sie auf, sie sind ein Mittel gegen Gelbsucht und Bleichsucht. Außerdem sollten Sie heute Nacht einen Blick in den Spiegel riskieren – jedoch nur, wenn Sie am wahren Wesen gewisser Dinge interessiert sind. In der Walpurgisnacht wird ein Spiegel zum Zauberspiegel und kann dabei auch Kräuter gegen Krankheiten anzeigen. Um Mitternacht verkündet er die Zukunft.

1. Mai, Walpurgis. Gleich in der Früh sollten Sie heute ein Gesichtsbad im Tau nehmen – das macht schön. Heute sollten Sie Brot backen, denn Brot, das an Walpurgis gebacken wurde, schimmelt nicht, und die Mäuse fressen es auch nicht. Legen Sie aber Backschaufel und Backschieße über Kreuz hin, um die zahlreichen Hexen fern zu halten, die heute unterwegs sind.

Ganz wichtig ist es, heute zu buttern. Von der Maibutter wird noch am 1. Mai nach dem Mittagessen etwas aufs Brot gestrichen und gegessen, damit man das ganze Jahr vor Krankheiten geschützt ist. Den Rest muss man aufbewahren. Sie ist ein gutes Heilmittel gegen den Stich eines giftigen Wurmes (und das kann alles sein, von der Schlange bis zum Drachen) und sogar gegen Pestilenz – dafür muss sie im akuten Fall des Morgens auf nüchternen Magen verzehrt werden.

Christi Himmelfahrt. Heute ist der beste Tag, um sich gegen Gewitter im kommenden Sommer zu wappnen. Alles, was es an Schutzmaßnahmen gibt (siehe oben) sollte heute getroffen werden, dann ist es doppelt und dreifach wirksam, denn der Himmel ist offen für Ihre Bitten.

Arbeiten sollten Sie heute nicht, unter keinen Umständen aber gar nähen, stricken oder flicken. Wer an Himmelfahrt näht, bekommt Beulen. Auch zum Heiraten sollten Sie sich einen anderen Tag aussuchen, der heutige ist ungünstig – wie auch die gesamte folgende Woche.

Gegen ein bisschen Gärtnern ist aber nichts einzuwenden, besonders glücklich gewählt ist der Zeitpunkt für das Aussetzen von Gurken, Kürbissen und Wurzelgemüse. Säen dürfen Sie aber nichts und auch mit den Bohnen sollten Sie bis zum 14. Mai warten. Butter, die heute gemacht wurde, hat heilende Wirkung, und die Kräuter, die Sie heute sammeln, haben besonders starke Heilkraft.

Wenn Sie unter Ihren Sommersprossen leiden (warum eigentlich, die sind doch sehr hübsch!), können Sie sich mit dem Tau vor Sonnenaufgang das Gesicht waschen; Sie werden sie damit zum Verschwinden bringen. Überhaupt ist das Wasser an diesem Tag sehr wirkungskräftig, trinken Sie also möglichst mehr als gewöhnlich und bekränzen Sie auch den Brunnen mit Blumen. Nur baden dürfen Sie heute nicht, der Fluss fordert an Himmelfahrt ein Opfer.

Pfingstsonntag. Essen Sie auf nüchternen Magen einen Apfel – dann sind Sie das ganze Jahr vor Zahnweh geschützt.

Der Sonntag nach Pfingsten, das **Trinitatisfest**, ist einer jener Tage, an denen Sie überhaupt nichts tun dürfen, wollen Sie kein Unheil auf sich ziehen. Verboten sind das Baden, das Verreisen, das Reiten, Nähen oder Flicken, alle Klettertouren und der Weg in einen Wald. Wer sich nicht an diese Verbote hält, den trifft der Blitz. Achten Sie heute auch auf das Wetter: Falls es regnet, regnet es noch eine Woche lang oder doch sämtliche restlichen Sonntage im Jahr.

12., 13. und 14. Mai – die Tage der **Eisheiligen**. Frühestens jetzt können Sie Ihren Oleander aus dem Keller holen und wieder ins Freie bringen. Der 14. Mai, **Bonifatius**, ist der ideale Tag zum Bohnensetzen. Wichtig ist: Dabei müssen Sie nach Kräften lügen, damit die Bohnen gedeihen.

25. Mai, Urbani. Erst mit dem heutigen Tag ist die Gefahr der Nachtfröste endgültig vorbei. Durch die Kalenderreform des Papstes Gregor XIV., bei der im Oktober 1582 zehn Tage gestrichen wurden, verschoben sich alle Heiligenfeste im Verhältnis zum Wetter um 10 Tage zurück. Wer also auf Nummer sicher gehen will, sät seinen Buchweizen nicht nach den Eisheiligen, sondern erst an Urbani. Alternative ist der Sieben-Schläfer-Tag (27. Juni).

Bereits am **Johannisabend**, also dem Vorabend des Johannistages (24. Juni), haben Sie viel zu tun. An diesem Tag sollten Sie Beifuß sammeln, zu einem Gürtel drehen oder flechten, ihn den ganzen Tag tragen und am Abend in das Johannisfeuer werfen – dann verbrennen Sie alle Krankheiten gleich mit. Außerdem sollten Sie sich zwischen elf und zwölf Uhr einen Hartriegelstrauch suchen, der schon sieben Jahre alt ist und in voller Blüte steht. Mit einem schönen Tuch streichen Sie alle Blüten ab und bewahren sie auf – es werden Ihnen dann sämtliche Wünsche in Erfüllung gehen.

In dieser Nacht sollten Sie sich auch aus einem Haselstrauch einen Peitschenstecken schneiden – der wird ausgezeichnet gegen Hexen helfen.

Diese Nacht gilt als Unglücksnacht, in welcher viel Geistervolk unterwegs ist, das durch Feuer gebannt werden kann. Warten Sie, bis sie ganz dicht hinter Ihnen sind, und wagen Sie dann erst den Sprung durchs Johannisfeuer – alle Geister müssen jetzt elendig verbrennen. Bevor Sie springen, sollten Sie sich mit Blumen und Kräutern schmücken; insbesondere Beifuß und Eisenkraut helfen dabei, Gespenster zu vertreiben. Passen Sie auf, dass Ihnen kein Samen dabei in den Schuh fällt, sonst werden Sie unsichtbar.

Auch verliebte Paare können durchs Feuer springen und versuchen, aus der Reaktion der Flammen und des Rauchs auf die Aussicht auf eine Ehe zu schließen.

Wenn ein Mädchen von ihrem Zukünftigen träumen will, soll sie in der Johannisnacht ein Geldstück im Schuh tragen – es muss ja nicht so groß sein, dass es sie drückt und ihr die Freude beim Tanz verdirbt …

Unbedingt sollten Sie schauen, dass Sie in dieser Nacht noch ins Bett kommen und zumindest noch für ein Stündchen schlafen. Was Sie in der Johannisnacht träumen, wird nämlich in Erfüllung gehen, und außerdem wartet morgen ein arbeitsreicher Tag auf Sie.

Denn auch am **Johannistag**, dem **24. Juni,** haben Sie viel zu tun. Sie müssen vor Sonnenaufgang auf den Beinen sein, um Gras für Ihr Vieh zu mähen, das dieses vor Krankheiten schützen wird. Schauen Sie auch früh am Morgen unter ein Rasenstück. Sie sehen dort rote Ameisen? Freuen Sie sich – das bringt Glück! Achten Sie auch darauf, ob Sie unter der Wurzel der Beifußpflanze heute schwarze Kohlen finden – heben Sie sie auf. Pulverisiert sind sie ein Mittel gegen Fieber.

Außerdem müssen Sie heute drei Klee- und drei Erdbeerblätter pflücken und in ein weißes Stück Stoff mit einem Kreuzstich einnähen – das ergibt ein wirksames Blitzamulett. Butter, die Sie heute rühren, sollten Sie aufheben, sie ist besonders heilsam.

Nun sollten Sie auch noch einige Heidelbeeren verspeisen – auf die werden Sie vermutlich große Lust haben, denn bis zum heutigen Tag durften Sie ja überhaupt noch kein Beerenobst zu sich nehmen. Vielleicht möchten Sie an diesem Festtag einen Kuchen damit backen? Das wird Sie ein ganzes Jahr vor Fieber und Bauchweh bewahren. Wenn Sie Tee aus den Blüten des Johannisstraußes trinken und dazu gebackene Holunderblüten essen, hat das übrigens die gleiche Wirkung.

Sie sollten heute noch durch einen gespaltenen Baum kriechen, das bewahrt Sie vor Knochenbrüchen, und Sie sollten sich durch drei Wasserläufe wälzen, das verhindert die Krätze. Wenn Sie heute etwas ganz Neues beginnen, wird es gelingen und Ihnen Glück bringen.

27. Juni, Sieben-Schläfer-Tag. Wenn es heute regnet, regnet es noch sieben Wochen lang – dies ist allerdings kein Aberglaube, sondern die Quintessenz aus langjähriger Wetterbeobachtung in Mitteleuropa. Wetterfrösche nennen das allerdings nicht „sieben Wochen Regenwetter", sondern „stabile Wetterlage", und die kann so oder so aussehen.

Am Sieben-Schläfer-Tag soll man Buchweizen säen. Überholt ist heutzutage der Aberglaube, dass Kinder, die an diesem Tag geboren werden, bereits im ersten Lebensjahr wieder sterben. Heute gesammeltes Eisenkraut hilft gegen Kopfweh und die Schlafsucht – die sieben Schläfer, derer die Kirche heute gedenkt, schliefen immerhin 200 Jahre lang.

23. Juli bis zum 23. August, Hundstage. Diese Tage (das ist die Zeit, in der der Hundsstern Sirius sichtbar ist) sind die heißesten des Jahres und gelten als Unglückszeit. Im Mittelalter ging man so weit, dass man in diesen Wochen selbst den Gottesdienst einstellte, später war nur noch das Baden, das Haarewaschen (besonders am 10. August) und das übermäßige Trinken von kaltem Wasser untersagt – sehr kluge Schutzmaßnahmen vor der prallen Mittagssonne, vor Sonnenstich und Hitzschlag. Aber auch Heiraten sollte man in dieser Zeit nicht, kein Holz fällen, weil dieses nicht gut brennen wird, und auch der Aderlass sollte unterbleiben.

24. Juli, Christine. Graben Sie heute Attich (Zwergholunder) aus, den Sie in alle Winkel des Hauses hängen, das schützt vor Mäusen. Und da er widerlich stinkt, planen Sie am besten ab heute gleich Ihren Jahresurlaub ein.

25. Juli, Jakobi. Der Tag des heiligen Jakobus ist besonders für die Bauern von großer Bedeutung. Ist das Wetter an Jakobi schön, steht eine reiche Ernte bevor, aber auch ein strenger Winter. Regen an Jakobi verspricht einen milden Winter, viele weiße Wolken weisen auf viel Schnee hin. Man schneidet kein Korn an Jakobi und isst vorher auch keine neuen Kartoffeln. Kraut wird an Jakobi gehackt oder besprochen, damit es ja recht dick werde. Der an Jakobi gesammelte Tau lässt die Kühe viel Milch geben. Man soll an Jakobi nicht baden und nicht klettern und nach Möglichkeit auch nicht arbeiten.

An diesem oder am folgenden Tag schlagen die Schmiede nach getaner Arbeit dreimal auf den Amboss, um zu verhindern, dass der Teufel seine Kette vollständig durchfeilt.

26. Juli, Anna. Auch der Annentag ist ein Lostag: Regen am Annentag ist die Mitgift der hl. Anna, der Mutter Mariens. „Werfen die Ameisen an St. Anna höher auf, so folgt ein strenger Winter drauf", heißt es. Wenn Sie also wissen wollen, wieviel Holz oder Heizöl Sie für den Winter kaufen müssen, achten Sie am Annentag auf Ameisenhaufen in Ihrer Gegend. – Sie wohnen in der Großstadt und haben keine Ameisenhaufen in der Nähe? Dann heizen Sie sicher mit Fernwärme oder Gas und benötigen sowieso keine Entscheidungshilfe für den Einkauf winterlicher Heizmaterialien.

30. Juli, Abdontag. An diesem Tag sollen Arbeiten abgedient, abgetan, abdon werden, die man möglichst selten verrichten möchte: zum Beispiel Rasenkanten schneiden, Unkraut jäten, Hühneraugen behandeln.

1. August. Wie der 1. April ein Unglückstag, an dem man nicht heiraten soll und auch keine Rüben säen darf.

15. August, Mariä Himmelfahrt. Der Beginn des Frauendreißigers – der Tage bis Mariä Geburt (8. September), die unter besonderem Schutz stehen. Vor Sonnenaufgang müssen Sie aufstehen, aufs Feld gehen und die Pflugschar dengeln. Wenn Sie damit pflügen, beseitigen Sie die Brombeeren aus Ihrem Feld.

Eier, die Sie jetzt einsammeln, lassen sich bis Weihnachten aufheben. Ab heute können Sie Kräuter ernten, und auch vor giftigen Tieren wie Schlangen und Kröten brauchen Sie sich nicht zu fürchten – sie sind in diesen Tagen ohne Gift.

17. August, Tag des heiligen Amor. Wie sein Name vermuten lässt, hilft es bei Kinderwunsch, an diesem Tag ins unterfränkische Amorbach zu pilgern und Wasser aus dem Brunnen der dem hl. Amor geweihten Quelle zu trinken. Beste Referenz: die sechzehnfache Mutter, Kaiserin Maria Theresia.

24. August, Bartholomäustag. Butter, die heute hergestellt wird, besitzt besondere Heilkraft. Brombeeren dürfen Sie ab heute nicht mehr essen, denn der Bartel hat sie voll gemacht.

23. September, Herbstanfang. Der Herbst war eine gefürchtete Jahreszeit, weil er wie der Frühling die Kranken „mitnimmt". Mit dem Herbst beginnt auch die Geisterzeit: Irrlichter sind zu sehen, Illusionen und Halluzinationen werden durch diese nebelige Zeit begünstigt. Blüht und treibt ein Obstbaum im Herbst, bedeutet das den Tod eines Hausgenossen. Manche Herbstanzeichen verkünden einen kalten oder schneereichen Winter, etwa wenn die Maulwurfshügel besonders hoch sind und die Hasen einen dicken Pelz haben.

1. November, Allerheiligen. Dieser Tag soll trüb sein, denn wenn die Sonne scheint, scheint sie in diesem Jahr noch vielen Wöchnerinnen aufs Grab. Wer am Allerheiligentag geboren ist, kann Geister sehen. Wenn Sie wissen wollen, wie der Winter wird, so schneiden Sie heute aus einer Buche einen Span heraus. Ist er trocken, so wird der Winter warm und trocken, ist er dagegen nass, so wird der Winter sehr kalt. Die Nacht vor diesem Tag ist übrigens die Nacht der Geister, die wir besser unter dem Namen **Halloween** kennen.

2. November, Allerseelen. Heute soll man kein Messer mit der Klinge nach oben liegen lassen, um die Seelen der Toten nicht zu gefährden, die an diesem Tag herumwandern – oft in Gestalt von Kröten. Vor allem heute darf man keine leere Pfanne auf dem Herd stehen lassen, sonst muss sich eine arme Seele hineinsetzen. Stattdessen sollte man lieber den armen Seelen Nahrung hinstellen: Brei lieben sie besonders.

30. November, Andreas. Am **Vorabend**, beim Abendläuten, sollten Sie Ihre Obstbäume mit einem Band umbinden – das fördert deren Fruchtbarkeit.

Heiratslustige Mädchen träumen heute von ihrem Zukünftigen, wenn sie vor dem Schlafengehen im Nachtgebet den hl. Andreas darum bitten. Sicherheitshalber könnten sie zusätzlich die Bettdecke ausschütteln oder am Gartenzaun rütteln. Hilfreich kann es auch sein, Zettelchen und Sprüche unter das Kopfkissen zu legen oder blind aus dem Wasser Gegenstände zu greifen – aus dem, was man gegriffen hat, lässt sich auf den Beruf des Zukünftigen schließen. Als Vision sieht man ihn, wenn man in dieser Nacht einen Apfel isst oder knapp vor der Geisterstunde die Stube fegt – nur im Lichte einer Kerze. Bleibt jede Vision und jeder Traum aus, dann ist es noch zu früh für den Zukünftigen. Nicht verzagen, nächstes Jahr können Sie es wieder probieren.

Aus Wien stammt der Brauch, sich in der Andreasnacht auf den Herd zu setzen und das Vaterunser rückwärts zu beten (vorher üben!). Dies soll Ihnen einen Blick in die Zukunft gestatten, und vielleicht wollen Sie den Kerl dann gar nicht mehr, der Ihnen anschließend im Traum erscheint!

Sollte Ihnen mehr nach profanen Schätzen zumute sein, so ist diese Nacht ebenfalls gut geeignet: Wenn Sie es wagen, sich um Mitternacht an einen Kreuzweg zu stellen, bringt Ihnen der Teufel persönlich das Werkzeug zum Graben herbei ...

1. Dezember. Er gilt als Unglückstag, denn an diesem Tag wurden Sodom und Gomorrha zerstört.

1. Advent. Der geeignete Termin, um eine Wünschelrute zu brechen, und zwar um Mitternacht. Mit dieser können Sie dann Schätze heben.

In dieser Zeit sind nachts allerlei Geister, Irrlichter, feurige Männer, wilde Jäger, Kobolde, Gespenstertiere und ganze Leichenzüge unterwegs. Heischeumzüge machen Adventsnächte zu Klopfnächten. Auch Schiachperchten sind im Salzburgischen und Tirolerischen unterwegs – sie sind zwar gefürchtet, aber wichtige Förderer der Fruchtbarkeit.

Wohl mehr als Abschreckungsmittel für Naschkatzen heißt es: Wer vor Weihnachten vom Birnbrot (Kletzenbrot) isst, bekommt Eselsohren.

In der Adventszeit geborene Kinder sind geistersichtig.

24. Dezember, Heiliger Abend. Achten Sie beim Zerteilen des Weihnachtsapfels darauf, dass Sie keine Kerne zerschneiden – das würde einen Todesfall bedeuten.

Heute, morgen oder übermorgen müssen Sie mit dem Backwisch die Raupen vom Kohl auf den Feldern fegen, damit die Felder das ganze Jahr vor Schädlingen geschützt sind. Abends steht Buttermilch auf dem Speiseplan – sie schützt vor Kopfschmerzen.

Schlagen Sie heute Nacht mit dem Dreschflegel in alle vier Ecken des Zimmers. Damit vertreiben Sie alle Mäuse und Geister für das neue Jahr. – Wenn Ihre Scheune von Mäusen heimgesucht wird, so sollten Sie sich in dieser heiligen Nacht in den Wald begeben und unberufen einen Bindnagel schneiden – einen beidseitig zugespitzten Holzpflock. Am besten wäre es, wenn Sie ihn um Mitternacht schneiden, aber vor

Sonnenaufgang ist auch in Ordnung. Als Zauberholz wird er Ihre Vorräte zuverlässig schützen.

Den Brunnen schützt vor bösen Geistern, die ihn verunreinigen, wenn Sie in der Christnacht oder in der Silvesternacht mit einem Gewehr hineinschießen. Wenn Sie das ablehnen, weil Sie fürchten, die Brunnenwand hält das nicht lange aus, so können Sie auch einen Feuerbrand in den Brunnen werfen. Damit der Brunnen nicht versiegt, sollten Sie heute außerdem eine Münze hineinwerfen.

Wenn Sie heute Nacht ein nacktes Mädchen in den Brunnen hinunterlassen, die Stahl und Feuerstein hineinwirft, so ist Ihr Haus vor Blitzschlag geschützt. (Halten Sie für nachher warme Decken und viele wärmende Getränke bereit!)

In dieser Nacht können Sie, wenn Sie frei sind von Sünden, um Mitternacht die Tiere im Stall sprechen hören – und die wiederum können in die Zukunft blicken. Vielleicht erfahren Sie ja etwas Neues!

Wenn Sie verhindern wollen, dass Sie Ihre Hühner ständig aus der gesamten Nachbarschaft zusammen sammeln müssen, stecken Sie in der Christnacht eine Düngergabel verkehrt herum in den Düngerhaufen, dann werden sich die Hühner nicht verlaufen.

Wollen Sie wissen, vor wem Sie sich in Acht nehmen müssen? Nehmen Sie ein buchenes Stühlchen mit in die Mitternachtsmesse, auf dem noch niemand gekniet hat. Während Sie es „einweihen", können Sie die Hexen erkennen.

Auf dem Weg zur Messe sollten Sie sich allerdings in Ihrem eigenen Interesse besonders in Acht nehmen, vor allem, wenn es kalt ist und friert – es heißt, dass derjenige im nächsten Jahr stirbt, der auf dem Weg zur Christmette auf Glatteis ausrutscht. Auch wer an Weihnachten hustet, muss angeblich im nächsten Jahr sterben.

Kehren Sie abends die Asche im Herd oder Kamin zu einem kleinen Häufchen zusammen und schauen Sie es am nächsten Morgen genau an.

25. Dezember, Christtag. Ihr Aschenhäufchen, das Sie gestern Abend angelegt haben, ist unversehrt? Das ist ein gutes Zeichen. Es hat über Nacht ein Grübchen bekommen? Dann wird bald ein Hausgenosse sterben.

Die gestrige Nacht war übrigens die erste der Rauhnächte, der **Zwölften.** Das sind jene Nächte (und natürlich auch Tage), die den Ausgleich zwischen dem Mond- und dem Sonnenkalender bilden und **zwischen Weihnachten und Epiphanias (6. Januar)** eingeschoben wurden. In dieser Zeit sind Geister besonders aktiv, geht die wilde Jagd um und kontrolliert die Percht die Einhaltung des Arbeitsverbots.

Die Percht ist ein mächtiger, weiblicher Dämon, der als strafende, finstere Macht umgeht, aber auch Fruchtbarkeit für die Äcker bringt. Man muss ihr Opfer hinstellen – am besten Milch, Brot und Käse, aber auch Körner und Nüsse. Dazu weiß sie einen Schluck Bier zu schätzen. Am besten ist es, man begegnet ihr ganz uneigennützig, ist hilfsbereit und freundlich – dann kann sie mit fürstlichen Belohnungen aufwarten. Faulheit, Gier und Berechnung kann sie hingegen nicht leiden – dann schlitzt sie auch schon einmal einem Übeltäter mit der Pflugschar den Bauch auf und füllt Wackersteine hinein.

Wer in den Zwölften spinnt, dessen Schafe bekommen zur Strafe die Drehkrankheit. Wenn man in der Nähe der sich drehenden Haspel einen Tierkopf aufhängt, fängt dieser allerdings das Unheil auf, und die lebenden Schafe bleiben geschützt.

Zwischen Weihnachten und dem 6. Januar darf man keine Wäsche waschen und sie schon gar nicht nachts im Freien aufhängen, denn sonst fährt die wilde Jagd hinein.

Es ist wirklich nicht leicht, in den Zwölf Nächten alles richtig zu machen. Das gilt auch für die Ernährung: Wer in dieser Zeit Hülsenfrüchte isst, bekommt Beulen.

27. Dezember. An diesem Datum soll Johannes der Evangelist unbeschadet einen vergifteten Becher Wein geleert haben. Darum war dieser Tag fortan der Tag des Weines. Sie sollten heute in Ihren Weinkeller hinabsteigen, oder, falls Sie keinen haben, sich zumindest Ihren Weinvorräten widmen – vielleicht haben Sie ja zu Weihnachten ein paar Flaschen geschenkt bekommen? Damit ist nicht gemeint, dass Sie sie leeren sollen; Ihr Wein sollte heute vorerst geweiht werden, dann bekommt Ihnen das Trinken nämlich besser. Wein, der so veredelt ist, hilft gegen Blitzschlag, Verzauberung, Ertrinken und natürlich auch gegen Vergiftung. Des Weiteren sorgt er für Schönheit, Gesundheit und eine glückliche Ehe. Was wollen Sie mehr?

31. Dezember, Silvesternacht. In der Silvesternacht darf trotz allen Tumultes nicht gehämmert werden. Sie dürfen auch kein Feuerrad an einem Baum anbringen, sonst beschwören Sie den Tod eines Hausbewohners herauf.

Diese Nacht sollten Sie außer zum Feiern auch nutzen, um für finanzielle Sicherheit zu sorgen. Das geht ganz schnell. Sie legen einfach Ihr Geld auf den Tisch, dann werden Sie im nächsten Jahr genug davon haben. – Sie hätten es übrigens bereits am Heiligen Abend zählen können und derselbe Segen wäre Ihnen beschert worden.

Wollen Sie für das kommende Jahr gut vorsorgen, wird Ihnen wenig Zeit zum Feiern bleiben. Heute müssen Sie Howölfle backen, das sind Gebildbrote aus Brotteig mit Roggenmehl. Mit Schmalz gegessen, vertreiben sie böse Geister; die schönsten davon sollten Sie aufhängen: Sie schützen Ihr Heim vor Blitzschlag.

Wird im Silvestergottesdienst viel gehustet, steht ein unruhiges Jahr vor der Tür.

Das große Orakel für die Silvesternacht ist das Bleigießen. Damit es besonders gut wirkt, muss das Blei von einem Erblöffel in eine Erbschüssel gegossen werden, und am besten auch durch den Kamm eines Erbschlüssels. Die Deutung der Gußwerke ist sehr schwierig und eine verantwortungsvolle Tätigkeit. Entweder Sie lassen sich durch die Figuren selbst inspirieren, oder Sie deuten deren Schatten an der Wand. Dabei bedeutet:

- ein Stern: Glück,
- ein Kreuz: Leid,
- ein Sack oder Männlein: Reichtum,
- ein Kranz: Heirat im nächsten Jahr,
- Tiere oder ein Sarg: Tod.

Ein anderes Orakel, das in der Silvesternacht die Zukunft der gesamten Familie weissagt, ist das Buchsbaum-Orakel: Für jedes Familienmitglied wird ein namentlich bezeichnetes Buchsbaumblatt in einen Teller voll Wasser gelegt. Am nächsten Morgen schauen alle nach. Grüne Blätter bedeuten Gesundheit, gefleckte verkünden Krankheiten, und wessen Blatt gar über Nacht schwarz geworden ist, der wird im kommenden Jahr sterben. Vorsicht: Dieses Orakel kann rasch zu einer selbst erfüllenden Prophezeiung werden. Wenn Sie sich nicht sicher sind, dass alle darüber schmunzeln, verzichten Sie lieber darauf.

Um zu erfahren, ob Sie im kommenden Jahr heiraten werden, sollten Sie in der Silvesternacht rückwärts durch Ihre Beine hindurch in den Ofen sehen.

In der Silvesternacht sollten Sie im Idealfall Heringsrogen auf den Speiseplan setzen, da er Glück im neuen Jahr bringt.

SCHLUSSWORT

Hat Ihnen Ihr Abstecher in die Welt des Aberglaubens Spaß gemacht? Haben Sie viel Vertrautes, halb Vergessenes wieder gefunden? Werden Sie nun Ihr Verhalten in manchen Situationen ändern, weil Sie Ihre Umgebung mit ganz anderen Augen sehen?

Sie werden bemerkt haben, dass abergläubische Vorstellungen in diesem Buch meist sehr ernsthaft beschrieben werden. Nur im Kapitel über die Gesundheit und wo es um Todesprophezeiungen geht, wurde von „angeblich" und „soll wirken" gesprochen, um Sie daran zu erinnern, dass dies alles keineswegs so sein muss, wenn Sie nicht abergläubisch sind.

Ich selbst bin sicher, dass Geist und Geister Dinge bewegen können, dass es keine Zufälle gibt, und wenn mir eine schwarze Katze von rechts nach links über den Weg läuft, freue ich mich. Läuft sie von links nach rechts, so hoffe ich, dass sie nicht ganz schwarz ist – oder drehe mich rasch um.

Meine erste Begegnung mit Aberglauben als wirksamer Lebenshilfe erfuhr ich durch meine „überhaupt nicht abergläubische" Mutter. Sie vermittelte mir neben ihren eigenen Überzeugungen auch einiges von dem Glauben meiner Großmutter, die ihr Leben noch sehr stark im Einklang mit dem Aberglauben als Lebenshilfe ausrichtete.

Die Anregung zu diesem Buch gab Petra Riedhammer vom Verlag Heinrich Hugendubel. Sie hat das Projekt in allen Phasen engagiert betreut und wirkte wie ein guter, stimulierender Katalysator. Lea Susemichel trug zu diesem Buch viele gute Gedanken bei – ohne sie wäre es wohl kaum termingerecht fertig geworden.

All diesen Frauen danke ich sehr herzlich für ihren Beitrag zum Gelingen dieses Projekts.

Weiterführende Literatur

Sammlungen von Aberglauben:

Handbuch des Aberglaubens. Hrsg. von Ulrike Müller-Kaspar unter Mitwirkung von Dr. Robert Kaspar, Dr. Ulrike Muss, Christine Wessely, Sabine Wimmer. Wien: Tosa 1996

Handwörterbuch des deutschen Aberglaubens. Hrsg. unter besonderer Mitwirkung von E. Hoffmann-Krayer von Hanns Bächtold-Stäubli (1927–1942). Nachdruck Berlin, New York: de Gruyter 1987

Alfonso di Nola: *Der Teufel. Wesen, Wirkung, Geschichte.* München: Diederichs 1990

Mark Twain: *Tom Sawyers Abenteuer.* München/Wien: Hanser 1977

Bauernregeln und Leben nach dem Mond:

Julia Corte: *Gärtnern mit dem Mond von A–Z.* Wien: Tosa 1998

Julia Corte: *Besser leben mit dem Mond.* Wien: Tosa 1999

Alexander Osten: *Leben nach Bauernregeln.* Wien: Tosa 1998

Johanna Paungger/Thomas Poppe: *Vom richtigen Zeitpunkt.* Kreuzlingen/München: Hugendubel 1991

Johanna Paungger/Thomas Poppe: *Das Mondlexikon vom richtigen Zeitpunkt.* Kreuzlingen/München: Hugendubel 2000

Schule der Magie:

Ulrike Ascher: *Hexen-Einmaleins für freche Frauen.* Kreuzlingen/München: Hugendubel 2000

Ulrike Ascher: *Liebes-Einmaleins für freche Frauen.* Kreuzlingen/München: Hugendubel 2001

Luisa Francia: *Die 13. Tür.* München: Frauenoffensive 1997

Luisa Francia: *Auf der anderen Seite der Haaresbreite.* München: Frauenoffensive 1994

Liselotte Hansmann/Lenz Kriss-Rettenbeck: *Amulett, Magie, Talisman.* München: Callwey 1977

Matthias Mala: *Das Gänseblümchen-Orakel.* Kreuzlingen/München: Hugendubel 2001

STICHWORTVERZEICHNIS